Cost and Choice

An Inquiry in Economic Theory

成本与选择

〔美〕詹姆斯·M. 布坎南（James M. Buchanan） 著
刘志铭 译

GUANGXI NORMAL UNIVERSITY PRESS
广西师范大学出版社
·桂林·

CHENGBEN YU XUANZE

出 品 人：赵运仕　　装帧设计：林　林
责任编辑：李佳楠　　责任技编：伍智辉
助理编辑：王　沁

图书在版编目（CIP）数据

成本与选择 /（美）詹姆斯 • M. 布坎南（James M. Buchanan）著；刘志铭译. --桂林：广西师范大学出版社，2023.6

书名原文: Cost and Choice：An Inquiry in Economic Theory

ISBN 978-7-5598-5932-7

Ⅰ. ①成… Ⅱ. ①詹… ②刘… Ⅲ. ①经济学 Ⅳ. ①F0

中国国家版本馆 CIP 数据核字（2023）第 075876 号

广西师范大学出版社出版发行
（广西桂林市五里店路 9 号　邮政编码：541004
网址：http://www.bbtpress.com）
出版人：黄轩庄
全国新华书店经销
湛江南华印务有限公司印刷
（广东省湛江市霞山区绿塘路 61 号　邮政编码：524002）
开本：889 mm × 1 194 mm　1/32
印张：6.375　　字数：140 千
2023 年 6 月第 1 版　　2023 年 6 月第 1 次印刷
印数：0 001~6 000 册　　定价：59.00 元

我也曾寻求表达。如今我才知道，上天赋予我的，除了引喻或引用外，再无其他。

——博尔赫斯,《自选集》序

再版序

詹姆斯 · M.布坎南自己曾说过，“我的那本小册子，《成本与选择》”。从篇幅上来看，《成本与选择》的确是一本小册子，但是，总体来看，它在布坎南的著作中却占据了关键的地位，因为“成本”或“机会成本”这个基本经济概念与个人主义和主观主义视角有着密切的关系，而这一视角对于布坎南的学术研究来说至关重要。作为一个主观主义者，布坎南坚信，机会成本只是一种“见仁见智”（eye of the beholder）的个人体验，是现实中从未真正出现过的替代选择。作为一个方法论的个人主义者，布坎南认为，机会成本不能以对不同个人所放弃的效用进行加总的集体福利函数方式来进行测度。[1]

自20世纪30年代以来，伦敦经济学院的一些学者，如莱昂内尔 · 罗宾斯、F. A. 哈耶克、罗纳德 · 科斯和杰克 · 怀斯曼等人，就提出和表达过成本理论的类似观点。由于理论体系的渊源以及某

---

1 James. M.Buchanan and G.F.Thirlby, *LSE Essays on Cost* (London: Weidenfeld and Nicholson, 1973), 6; *Cost and Choice: An Inquiry in Economic Theory* (Chicago: Markham Publishing Co., 1969)，布坎南作品选系列第6卷。——作序者

些个人方面的因素，这些理论与奥地利学派经济学家的理论有着极为密切的联系。然而，虽然从建立在自己的成本概念上的有关观点看，布坎南认可并佐证了奥地利学派在社会主义经济计算大论战中的贡献，但他还是使自己与奥地利学派保持一定的距离。布坎南尽力将自己的观点融合进正统的古典和新古典框架中，以免表现出“怪人的自大”（arrogance of the eccentric）。正因如此，《成本与选择》以亚当·斯密著名的鹿–海狸例子作为其讨论的起点。在该例子异常简单的“单因素”情境下，主观的机会成本由客观的交换率得以解释。由于每人都可以用两头鹿换到一只海狸或者以一只海狸换到两头鹿，实际转换与交换率之间的任何偏离，最终都会被理性决策者基于其决策的机会成本而做出的选择所消除。但是，一旦环境变得更为复杂，又将会出现何种情形呢？

《成本与选择》要处理的就是这一问题。该书出版之时，布坎南显然希望其他学者能追随他的工作，一起在经济分析中构建一个对机会成本的概念有着透彻理解的新研究传统。然而，尽管布坎南费尽心思地传递他对“成本与选择”之性质的深刻洞见，并将这些洞见与主流的新古典经济学相联系。但是，看一看“社会科学引用索引”（SSCI）就可得知，在这一方面他做得并不成功。从某种意义上来说，对布坎南在《成本与选择》一书中所阐述的其经济观的理论基础的忽视，是很奇怪的。毕竟，他的基本观点在公共经济学问题上的具体应用更受重视，并且事实上也有巨大影响。[1]无论如何，对于那些高度评价布坎南的具体洞见和观点的人来说，更认真地思考《成本与选择》一书中所展示的基本原理，不失为一种明智的做法。[2]显然,《成本与选择》的再版会减少这样做的成本，也为回到经济学的根本提供了极好的机会。

哈特穆特 · 克利姆特[3]

杜伊斯堡大学

一九九八年

1　这些应用具体见：*Debt and Taxes*，*Externalities and Public Expenditure Theory*和*Public Principles of Public Debt*，分别是布坎南作品选的第14卷、第15卷和第2卷。——作序者

2　还可参见布坎南作品选第12卷*Economic Analysis*中的一些论文。——作序者

3　现为法兰克福金融管理学院哲学和经济学教授，是20卷本的布坎南作品选的主编之一。——译者

致　谢

我把能将弗兰克·奈特称作“我的教授”看作是我的幸运。他对我思想的影响，在本书中的体现要比在其他著作中更为直接。他坚持将基本观念变得浅显易懂以及在成本理论方面作出的重要贡献，都为我的研究提供了灵感。

在这里我还要特别对很多学生、同事和同辈学者的帮助致以谢意！当我的困惑处于最顶峰之时，弗吉尼亚大学1965和1967届研究生研讨班上的学生在这一关键时期与我一起经受折磨。1967年，本书的初稿得以流传开来，我有幸得到很多有益的修改意见。在这一方面，我要对来自威廉·布赖特、R. H. 科斯、F. A. 哈耶克、马克·保利、罗杰·舍曼、G. F. 瑟尔比、戈登·塔洛克、理查德·瓦格纳、托马斯·威利特和杰克·怀斯曼等人的帮助表示感谢。当我的热情动摇的关键时刻，弗朗西斯科·福特和S. H. 弗兰克尔在讨论中给了我极大的鼓励，虽然他们可能自己都未意识到这一点。

就像在其他很多场合一样，我的秘书贝蒂·蒂尔曼在本书写作的多个阶段为我提供了便利。在这个越来越缺乏人情味的学术界，她的忠诚与热心少有人及。

J. M. B.

洛杉矶

一九六九年三月

目　　录

前　言

你正面临着一个选择。现在你必须做出决策，是读这篇前言，还是读点别的，或静静地思考，抑或为你自己写点什么。如果你选择现在来读这篇前言，那么你必须付出的成本就是你为上述替代选择[1]中最具吸引力的那个所赋予的价值。这一价值是且必然是纯粹推测性的，它代表了你现在认为的那个机会可能提供的价值。一旦你选择读这篇前言，任何实现这一替代选择，并对其价值作出衡量的机会就此永远消失。只有在作出选择的那一刻甚或那一瞬间，成本才可能改变行为。

如果在此之前的一小会儿，你确定你对那个替代选择的评价超过了阅读这篇前言的预期评价，那么，你就会错过这篇经济学家的乏味议论。然而，你若在一开始就放弃了它，你就永远不知道你错过的是什么。你现在从阅读这篇前言中获得的收益，是无法与你选择最具吸引力的其他选择时付出的成本相比较的。收

1　本书的“alternative”，有时作为形容词出现，有时作为名词出现。作为名词时，我们视语境不同译为“替代（性）选择”“可（备）选方案”“替代性产品”等；作为形容词时，我们将之译为“替代的”“可选的”“其他的”等。请读者留意。——译者

益——如果真有的话——是一种（现实）存在，可以在事后进行评估；而影响行为的成本并不存在，它们从未实现过，无法在事后加以度量。

然而，当你读完这篇前言时，你就错过了一些本来可以做的事情，这些事可能被加以价值上的度量。你可能会想到你本来可以用这些时间做些什么，如果想要的话，你可以将这些并未发生但“可能会发生的结果”转换为某种价值形式。

某个了解你面临的选择并观察你行为的人，能够对你阅读此前言所花费的具体时间作出一个客观的估计。在你做出决定之后，他可以盯着手表并客观地核实他的这一估计。如果他知晓你替代选择对应的收益的价值，他就可以为相应的时间资源赋以一定的价值。该价值是客观的，且对于所比较的诸多目的来说也是有益的。当然，这个观察者无法准确估计你在选择前或选择后对已丧失的机会所赋予的价值。

在通常的讨论中，我们会将你自己和观察者所评估的价值都称作“成本”（costs）。你行为的外部观察者可能会说，阅读这篇前言将**花费**（cost）你X分钟或者已**花费**你X分钟，他估计这X分钟值Y美元；而通常你会说同一活动“将**花费**我可用于睡觉的X分钟”或者“**花费**了我本来可用于睡觉的X分钟。”这里需要注意的一点是，“成本”一词的几种用法是属于不同范畴的。语言的运用赋予同一词汇不同的内涵。因此，对“成本”一词的使用存在严重混乱，在经济学家中尤为如此，这一点不足为奇。

以上便是对本书主要观点的概述。其中涉及的关键概念是很简单的，我也无意提出复杂精密的分析方法。我写这本书的前提假设是，很多经济学家一头扎进精密的分析中，却忽视了基本经济逻辑的具体内涵。概念层面的阐释可能无关乎具体应用，那些急于医治这个世界病症的人可能会嘲笑我执着于对方法论的提炼。当他们在初步的比较中意识到自己的观点与本书提出的观点大同小异时，怀疑倾向就会愈发明显。毕竟现代经济学家中少有人会对机会成本的基本定义提出质疑，而假定人们对此已有很好的理解的各种论断则充斥于标准的经济学教科书中。

但我要指出的是，在教科书中诸如本书第二章中的成本定义，与后续章节所隐含的成本定义之间可能有着显著的差异。人们往往给机会成本下一个众人皆可接受的定义，但在随后的应用分析中却往往不能将这一概念的逻辑贯彻其中并赋予其应有的特征。我的目的，就是运用机会成本理论来说明人们经常忽视的根本的方法论差异，并表明一以贯之地运用该理论将可以澄清政策问题中的一些重要分歧。仅在公共财政领域，当分析者采纳同一成本概念时，有关税负归宿、税收资本化、公债负担以及成本–收益分析的作用等争论就可得到部分解决；如果那些已嵌入分析的成本定义的混乱得以揭示，那我们至少可以更充分地理解和评价福利经济学令人不满的发展现状；那场一度激烈而后又在较长时期归于沉寂的社会主义经济计算可能性的大辩论，可能也会以一种不同的面貌呈现出来；对于诸如征兵和犯罪等一些当前的热点话题，亦可有新的解释。当然，本书并未打算对这些以及其他可能的政策应用问题展开详尽无遗的讨论。解决成本理论的模糊所带来的难题，至少需要同本书一样篇幅的另一本书来加以讨论。

我的第二个目的是要追溯成本概念的思想演化过程。主要出于其被现代经济学家相对忽视的缘故，我强调了伦敦经济学院传统的贡献。该传统尚未得到普遍认可，其成员自己也或多或少视之为理所当然而不自觉。

现代的奥地利学派学者则可能会以某种理由特别指出，将本书提出的成本理论贴上“奥地利学派”的标签是恰当的。毫无疑问，伦敦学派成本概念的一个重要来源就是奥地利学派。但是，当我阅读早期奥地利学派以及伦敦学派的著作时，我确信伦敦学派传统增添了一些独有的特点，也只有该学派构建的整个成本理论才具有切实的可操作性。在阐述此观点的过程中，我意识到，正统成本理论的很大一部分内容都可以直接找到其奥地利学派的渊源。根据我的阅读和阐释，我认为，威克斯蒂德（P. H. Wicksteed）为非正统的伦敦学派传统提供了重要的思想来源，而这一传统与奥地利学派传统同样重要，或许甚至更为重要。达文波特（H. J. Davenport）的成本思想也有着极为深刻的洞察力，但其美国追随者却没有能够形成一个能与伦敦学派比肩的传统。

现代伦敦学派传统的基本思想来源体现在20世纪30年代罗宾斯、哈耶克和科斯等人的论文中。瑟尔比（G. F. Thirlby）在1946年至1960年间发表的著述紧紧追随了这些思想，但这些著述却被人们极大地忽视了。该传统中的另外一些论文是由杰克·怀斯曼在20世纪50年代发表的。然而，上述出版物仅仅是伦敦经济学院在长达30年间广泛讨论的仍然可见的剩存部分，而这些广泛讨论的内容曾是伦敦经济学院经济学教学的重要组成部分。

本书第一章概述了20世纪30年代之前成本理论的学说史，第二章讨论了伦敦学派成本理论的渊源和发展，第三章在两种不同分析框架下对机会成本理论进行总结。本书剩余章节则主要讨论成本理论的应用。第四章考察了公共财政领域的成本理论，正是该应用分析激发了我对澄清成本概念必要性的兴趣；第五章运用机会成本的逻辑重新检视庇古的福利准则；第六章是本书最重要也是最难的一部分，论证了成本的基础理论在整个非市场决策领域的适用性。

第一章
经济理论中的成本

古典经济学

> 对于一个狩猎民族来说，捕杀一只海狸耗费的劳动量，通常两倍于捕杀一头鹿所耗费的劳动量，那么一只海狸自然就应当交换两头鹿，或者说，一只海狸值两头鹿。[1]

上述论断概括了交换价值的古典理论。亚当·斯密并不像精确地作出假设的现代同行那般谨慎，但这也许正是我们仍然喜欢阅读《国富论》的原因。正常的或自然的交换价值由相对生产成本决定，这回答了古典经济学的核心问题。

---

1 Adam Smith, *The Wealth of Nations* (New York: Random House, Modern Library Edition, 1937), p. 47.（本书脚注如无特别说明，均为作者注。）

在这里，成本以投入的资源来计算。“通常耗费的”意味着需要一定的资源支出，这种支出可以在事先以某种精确程度估计，而且可以在事后由资源所有者或由兼任成本会计的外部观察者度量。相对生产成本可被客观量化而无需任何估值过程。在度量标准给定的情况下，可以像苹果或土豆的相对重量般计算相对成本。在斯密的基本推断模型中，度量的标准是同质的劳动时间单位，其中不存在非劳动要素的投入品［没有其他“负物品”（negative goods）］。鹿与海狸的生产函数都是线性齐次的，也就是说，在当前通行的相对成本比率下，鹿和海狸均可获得无限供应。

即便在这样简单的模型中，仍存在这样的问题：相对成本何以决定正常的交换价值？相对成本之所以能决定正常的交换价值，是因为狩猎者被假定为追求效用最大化的理性人，而且在他们的效用函数中可以识别出估值为正的“有用品”（goods）和估值为负的“有害品”（bads）。如果出于某种原因，交换价值处于某个不同于成本价值的比率，那么个体将会修正其行为。如果个体狩猎者知道，通过一天的劳动支出，他能够捕杀两头鹿或一只海狸，那么，在一只海狸的价格是三头鹿的情形下，即使他只是鹿的需求者或最终购买者，他也不会去捕鹿。在这些情形下，他可以通过交换从而以更低的成本来“生产”鹿。通过将一整天的时间用于捕杀海狸，然后以之交换鹿，他可以获得三头而不是两头鹿。由于可预计所有的狩猎者都将以这种方式行事，因此，除非预期交换价值回归到与成本比率相等，[1]否则就不会有鹿被生产出来。在这一模型中，预期交换价值与预期成本价值之间的任何背离，都反映了狩猎者的非理性行为。

在这一解释中，古典理论蕴含着机会成本的概念。对于处在配置决策点的狩猎者来说，一只海狸的成本就是两头鹿，而一头鹿的成本就是半只海狸。在一比二的预期交换比率上，每个潜在狩猎者必然处在无差异的边际点上，在这样的边际点上，进行实物生产与通过交换进行的生产带来了相同的结果。于是，作为度量标准的劳动时间，便成为计算机会成本的公分母（common denominator）。

在基本的鹿–海狸模型中，或者更一般地，在古典模型中，实现的交换价值不必等于实现的成本价值。正如此处所解释的，在将资源配置于鹿和海狸的生产时，必然存在竞争性替代的不确定性。如果在某一时点上，相对于通行的需求模式，有大量的狩猎者选择生产海狸，那么海狸的价格或市场价值将会降至成本以下。或者，存在另一种情况，需求模式突然发生变化而资源的配置总体保持不变，亦将出现相同的结果。价格，即实现的交换价值，可能且将会偏离实现的成本价值。然而，若这一情形果真发生，其中一些狩猎者将会回顾当时的决策，并发现自己犯下了错误。

在这个鹿–海狸模型中，存在着单向的因果关系（one-way causality）：相对成本决定了正常的交换价值。这一理论暗含着这

1　即一只海狸值两头鹿。——译者

样的假设：对生产关系或投入产出比率的预测，要远比对需求模式的预测准确。这就将该理论转换成为一个简洁的、具有可操作性的假说，在这一假说中，可以引入外部的客观度量来获得关于正常交换价值的预测，而这些预测是可以证伪的。

当生产不可能即当供给为固定时，该理论则不能提供关于正常交换价值的相关预测。在这里，正常的交换价值，如同所有情形下实现的交换价值，是由需求的力量来决定的。但是，对亚当·斯密来说，这里本来就不包含预测理论。这时，我们无法引入人们的行为倾向，从而以某种可客观识别的公分母将一种商品与另一种商品的价值联系起来。对于这种供给固定的商品，斯密只会说，压根就不存在价值理论。从这一角度来看，约翰·密尔关于“价值理论无可多论”的蹩脚论断要比现代经济学家的惯常做法更值得称道。

交换价值会趋于与可加以客观度量的生产成本相等，这是一个实证性的命题，并不包含规范性的内容。该命题并未论及或隐含“市场价格应当等于生产成本”这个效应。在直接意义上，古典经济学并不包含规范的配置理论。相同单位的资源收益均等化，源于理性行为的基本假定，以及个人效用函数所隐含的“有用品”和“有害品”的区分。

上述解释对于那些批评古典经济学的人来说并不公正，分析中的很多要点都充斥着混乱。一旦我们去掉对斯密同质且单一的投入要素模型的过度简化，问题就出现了。错综复杂的古典经济学推论围绕着一个中心问题，即在投入品（负物品）异质的情况下，如何寻找可比较的价值公分母。尽管李嘉图在这方面付出了无畏的努力，但是他的才能没有达到可以完成这一挑战的水平。李嘉图的租金理论试图为土地的报酬辩解，尽管这一辩解并不十分令人满意。对不同的劳动-资本比率的保留，以及马克思诉诸“社会必要劳动时间”的努力，均倒退到整个古典理论试图回避的循环论证之中。

斯密及其后的李嘉图都不得不以舍弃其理论的优雅性为代价来恢复理论的实用性。异质的资源投入以要素市场上形成的货币价格来衡量。于是，一种物品的生产成本就以货币来计算。作为对特定物品的正常或自然交换价值所做的基本解释，鹿–海狸模型的本质特征被继续保留。如果生产鞋子的货币成本，即对所有资源投入所有者的必要支付是10美元，那么一双鞋子的正常交换价值通常就是10美元。不幸的是，在这个更为现实的生产成本模型中，鹿–海狸世界中的简洁性和客观性都消失了。在斯密的模型中，一只海狸的客观机会成本是两头鹿，因为通常生产一只海狸的实物投入是生产鹿的两倍。那么，在更为现实的环境下，一双鞋的机会成本是多少？成本是以货币单位（numeraire）来衡量的，它们反映了实物投入的**价值**。在这里，这些投入品和替代性产出之间的直接联系消失了。给资源所有者的支付等于10美元，至少并不直接意味着以这些投入可以生产出价值为10美元的替代性产品。

如果成本为10美元，那么生产者必定期望能得到至少10美元的产出价值。理性行为的基本假定，以及人们想得到更多货币的假定，仍然暗示着预期价值要等于或高于成本。但是这样一来，成本到底由什么来决定？要回答这个问题，我们已经不能简单地把注意力集中在决策或选择行动的那一刻了。与此相反，我们必须要考虑到不同产出数量、不同时期以及诸多决策者的一系列彼此关联的决策。面对近乎确定的10美元耗费，生产者若是选择生产，那么他必定期望产出价值超过这一数值。但是，与生产者–企业家在概念上相区分的资源所有者，也必须作出相关的选择。为什么投入的要素组合价值等于10美元？资源的交换价值是在市场上形成的，而根据前述假定，每个资源所有者在供应相应资源时，必定会期望产出价值超过其成本。但是，什么是资源所有者的成本？于是，古典经济学家不得不讨论初级资源（primary resources）的生产成本。

这些经济学家自认为已在一定程度上成功解释了非熟练劳动或简单劳动。在斯密的基本模型中，一只海狸的成本是两头鹿；为便于比较，该成本是以一天的劳动量来计算，即狩猎者分别用于捕杀这两种可选猎物所需要的时间。简单劳动时间的成本是用来养活劳动者以及繁衍其后代所需要的谷物。同样，这些谷物的成本也可以用生产这些谷物所需要的劳动时间来衡量。但是，以上两种表述的分析有着很大的不同。我们可以看出，后一表述是对基本正确的交换价值理论的错误扩展。对于鹿–海狸模型极为关键的机会成本原理，在简单劳动的工资理论中几乎全然消失了。一天的劳动时间衡量了一只海狸的成本，因为它体现了真实的（genuine）替代性产品，即两头鹿。半天的劳动时间大概衡量了一个劳动力的成本，不是因为它体现了某种真实的替代性产品，而是因为它体现了养活一个劳动力所需要的支出。于是，工资理论中的投入–产出关系相对于鹿–海狸模型发生了微妙的变化。在鹿–海狸模型中，衡量一只海狸的成本的劳动投入，是用来生产其替代性产品即两头鹿的劳动投入。除非预期价值保持适当的比率，否则没有猎人会去选择捕杀海狸。相比之下，在古典的工资理论中，没有考虑到生产一个劳动力的支出有着替代选择。即便是最赞同该理论的批评者也会发现，在这一分析中难以捕捉到机会成本的思想。

也许正是因为意识到了上述分析中的困难，斯密和李嘉图在讨论工资时都避开了严格缜密的分析。于是形成了一种与维持不同生计水平的工资相联系的古典理论。在这个以马尔萨斯人口原理为基础的工资理论中，交换价值的成本理论几乎完全丢弃了其机会成本的根基。简单劳动的工资趋于维持生计的水平，并不是因为它是个体的理性行为的可预见结果，而是出于饥荒和瘟疫的自然抑制。交换价值与个人选择行为之间的关系被割裂了，与此同时，任何生产成本理论的基本逻辑也都无法自洽了。这种古典工资理论几乎完全缺乏有关个体行为的内容。

导致成本理论混乱的一个根源尚未提及，而它贯穿于古典理论对成本的讨论，有时甚至主导了这一讨论。这个混乱的根源就是痛苦成本（pain cost）、通常也被称为真实成本（real cost）的概念。由于不满足于寻求交换价值的预测理论，古典经济学家试图从基本的哲学意义出发来解释价值的产生。工作带来的辛苦、烦恼和劳累，似乎证明了支付工资的合理性。通过观察同样可以看出，资本也得到了相应的报酬。于是，西尼尔提出的节欲（abstinence）概念似乎使资本家与工资收入者都成为获得合理报酬的人。这一真实成本学说在散播理论混乱方面的重要影响不该被低估。即便今时今日，许多老练的分析者所教授的比较优势理论，也有着明显的谬误，虽然幸运的是，该理论并未造成多少损害。[1]

成本的确反映了痛苦或牺牲，这也是成本（cost，也译为代价）一词的基本含义。但是，我们必须认识到经济学家以“成本”一词指代殊为不同的事物时所遇到的语言问题。为了选择更喜欢但与其他替代选择相互排斥的事物，我们就必须在选择可能性的范围内有所放弃。当这种被放弃的机会被“牺牲”时，我们就说它反映了“成本”。放弃某个机会就必然意味着痛苦的产生，尽管享用一个与其互斥的替代选择可以带来更大的快乐。跟不严谨的讨论所表明的观点不同，成本与痛苦远非对立的两面。作为痛苦或牺牲的成本概念，是且必然是机会成本思想的核心。在古典理论分析的一些特定场合，也将成本理解为作为牺牲的痛苦（pain-as-sacrifice）概念。如前所述，资本积累的成本就是从“节欲”的角度进行讨论的：通过节制消费欲望，资本才得以积累。显然，这里包含了机会成本的推理。

然而，在大多数情况下，古典经济学中的真实成本和痛苦成

1　即便到了1967年，经济学家也仍然需要对这种谬误保持警醒。关于这方面的讨论，参见Royall Brandis, “The Myth of Absolute Advantage,” *American Economic Review*, LVII (March 1967), 169-74。

本的概念指的是殊为不同的东西。在行为情境下，即便没有牺牲也会产生痛苦。作为过去一连串事件的结果，当个体的效用减少而没有相应的快乐加以补偿时，痛苦就会随之产生。必要的劳动耗费可能会引发痛苦，这种痛苦在一定场合可由汗水、疲乏、眼泪来衡量。因偿还债务、支付税收或者给劫匪上供而发生的资本资产转移也会引起痛苦，此类痛苦可以由个人资产负债表中净值的减少来近似地衡量。在第二种情形下，痛苦成本与深思熟虑后所牺牲的替代选择无关。对这种痛苦的预期，可能会影响人们对其他可供选择的机会的比较，但是，这种痛苦成为现实这一事实，与价值的解释或其合理性的证明则是无关的。痛苦成本这两种不同概念之间的这种极其重要的区别，并没有为古典经济学家及其后继者所认识到。现代经济理论中诸多含糊不清之处，其根源就在于古典理论没能注意到这种区别，这也是新古典经济学没能令人满意地消除的一个缺陷。

边际效用经济学

1870年后，价值理论中爆发了一场革命。由此，古典的生产成本理论分别被威廉·斯坦利·杰文斯、卡尔·门格尔和里昂·瓦尔拉斯提出的边际效用理论所取代。对这些理论家来说，由于成本在解释交换价值方面的重要性大为下降，他们不像古典经济学前辈那样专注于给成本准确地下定义。至少在理论分析的初始阶段，他们似乎愿意接受古典的成本定义：他们与古典经济学家的争论并不是针对成本的概念展开的。他们认为自己与古典经济学理论之间的分歧要更为深刻。然而，无论以何种方式来定义成本，边际效用理论家都拒绝古典的分析方法。

边际效用经济学关注的首要问题是提出一个交换价值的一般理论。在他们那里，古典理论被摒弃，因为它包含两个相互分离的模型，其中一个针对可反复生产的物品，另一个则针对供给固定的物品。其解决方法是，给古典经济学家针对第二类物品提出的简单交换模型赋以一般性。边际效用理论家认为，不管在何种情形下，交换价值均由边际效用和需求来决定。在市场交换点上，所有的供给都是固定的，所以相对价值或者价格完全由相对边际效用决定。

如果这场革命仅仅是提出了上述观点，那么它就不会引起那么大的关注。边际效用理论家的贡献不仅仅是用交换价值的效用理论代替了成本理论。在实现这种替代的过程中，他们得以提出了这样一种观点：价值是在边际处决定的。根据这一理论，他们能够解决“钻石与水”的悖论[1]，使用价值和交换价值由此不再相互矛盾了，经济计算也由此产生。

尽管如此，抛弃古典的分析工具也是有代价的。在探寻一般

1　钻石与水的悖论首次由约翰 · 劳提出，后来亚当 · 斯密在说明价值决定因素时借用了这个例子。他说：“没什么东西比水更有用；但不能用它购到任何东西，也不会拿任何东西去和它交换。反之，钻石没有什么用途，但常常能用它换来大量的其他货物。”（引文出自《国富论》第四章，杨敬年译本。）——译者

理论的过程中，边际效用经济学家在很大程度上也抛弃了关于正常交换价值的预测理论。虽然他们对已实现的价值提供了令人满意的解释，但就预期价值或自然价值分析的发展而言，他们的贡献很少。从严格意义上来说，他们的理论是一种逻辑理论，而不是一种可以被驳斥的科学假说。如同其他所有的一般性理论一样，边际效用理论解释的东西太多了。

不过，边际效用理论的一般性也具有某些附带的益处，而其逻辑上的扩展生成了分配的边际生产率理论。由于物品的价值是根据其相对边际效用来确定的，各种资源的价值也应该根据它们在最终产品中的对应部分的价值来确定。在对其价值进行近似估算时，没有必要超出资源的固定供给这一假设。在几乎长达一个世纪的时间里，人口理论都被排除出经济学家的工具箱。[1]

边际效用经济学通常被称为“主观价值”经济学，并且这一经济学说的革命也以此命名。在古典的生产成本理论中，对相对成本进行的外部度量，被认为可以用来对商品的正常交换价值进行预测，从这一意义上来说，该理论是**客观的**。用一种通过相对边际效用来解释相对交换价值的理论，来代替古典的生产成本理论，必然会在理论中丧失客观的经验内容。然而，边际效用被认为取决于数量，从消费者整体来看，还取决于市场上的供给。因此，即便对需求状况有充分的知识，我们也无法对正常的交换价

1　此处的人口理论指马尔萨斯的人口理论。按照这一理论，随着生活资料的增长，人口也随之增长，而且人口的增长比生活资料的增长要快。该理论破除了人口和劳动力供给固定的假设。——译者

值作出预测，直到或除非能预测到市场上的相对供给。这样，在解释正常交换价值的决定时，就必须引入成本或价值的供给因素。这里，不再可能进行单方面（指需求）的解释，需求–供给经济学便成为分析的必要部分。

在供给给定的条件下，商品的交换价值由边际效用决定，这是在市场互动的过程中得出的。但是，效用是一种主观现象，它不像古典的生产成本那样可以从外部来进行客观度量。为了更好地理解这一点，让我们考虑一个只有两种商品的世界，这两种商品均为固定供给，例如熊和浣熊。这两种动物都是“有用品”，并且在每个时期，每种物品均以可预知的固定量得到供给。如果我们准确知晓所有需求者的需求或边际效用表，那么就可以对交换价值进行预测。然而，需要注意的是，这种预测不是作为理性行为假定的结果或后果，至少在古典的鹿–海狸模型的意义上来说是这样。假设供给固定且需求模式是给定的，那么我们可以预知一头熊可以交换到两只浣熊。如果我们观察到已实现的价值不同于这种预测到的价值，这仅仅是因为预测所依据的原始数据是不准确的。这里没有某种使市场趋向均衡的机制在起作用，也无法像在鹿–海狸模型那样感知到存在某种错误。这其中不会出现任何的矫正过程，所实现的价值总是“正确的”。即使有错误，也只出现在观察者所使用的数据中。在基本的方法论层面，边际效用理论非常类似于凯恩斯主义的简单国民收入决定模型。相比较之下（尽管这种比较有瑕疵），古典的生产成本理论则更类似于明确将预期引入分析中的瑞典学派的收入决定理论。

要在理论中引入交换价值预测理论的元素，就需要回到某种“准古典”的分析中。古典理论认为，生产成本会通过它们对供给的影响而影响交换价值。在讨论成本问题时，边际效用理论家会毫不含糊地接受货币的度量方法，因为他们没有理由再去寻找某种以实物资源投入品为形式的公分母。之所以存在对投入要素进行支付的必要，是因为这些要素构成了最终产品的价值。这种方法几乎直接导出了机会成本的推论。

资源的价值或价格体现了将相同资源用于替代性用途时可能生产出的产品的价值，这一点对于奥地利学派的学者（门格尔、庞巴维克和维塞尔）来说尤其如此。这是资源使用者或雇主为了将资源从其他替代性机会中吸引过来所必须付出的代价。资源所有者的决策中暗含的机会成本概念，与斯密的鹿–海狸模型中所体现的一样。对于奥地利学派学者特别是维塞尔来说，资源所有者的理性行为，保证了在各种用途上资源单位报酬的均等化。

在主观价值理论家中，杰文斯对成本的处理方式是极为独特的，而且相比奥地利学派，他表现出更多的古典学者特征。对杰文斯来说，生产成本包含了“痛苦”，而这一概念在奥地利学派的讨论中几乎完全消失了。这种痛苦成本可以用边际负效用（marginal disutility）来表示，杰文斯也因此成为了彻底的边际主义者。对他来说，所有的选择行为都可以简化为边际上效用和负效用的比较。实际上，正是通过使用古典理论的分析工具，他才得以解决钻石与水的悖论。由于杰文斯没能有效地将替代性产品（alternate product）的概念一般化，因此他的成本理论要逊色于奥地利学派，甚至也逊色于斯密理论中隐含的机会成本概念。不过，杰文斯确实将精力集中在对经济选择行为的分析上，而这可能影响了后来的威克斯蒂德，推动了他对于现代成本观念的重大发展。

对于早期的奥地利学派理论家来说，生产成本是以货币来计算的，这些成本反映的是决策者理性地将相同资源运用于替代性用途时本来可能生产出的价值。这实际上就是机会成本的概念，但是，只是在物品价值由需求者的相对边际效用决定这一意义上，它才是主观的。由于这些价值是在有组织的市场上确定的，因此它们可以加以客观的度量。

马歇尔综合

阿尔弗雷德·马歇尔认为他重写了古典经济学，并在重写过程中整合了来自边际效用理论家之外的各种赞同和批评古典经济学的观点，尽管那些赞同或批评的观点在处理某些特定问题时与边际效用理论有相似之处。他的长期短期分析（period analysis，也译为阶段分析）提供了一个一般模型，在这一模型中，调整时滞（adjustment lags）决定了边际效用假说和生产成本假说的相对解释力。他倾向于古典经济学家的分析，并且意识到了古典的基本模型在预测方面所具有的优势。

作为一位十分老练的分析家，马歇尔不可能无视机会成本这个简单思想，但是在他的讨论中，我们又很难发现对这一概念的明确表述。仅通过粗略的浏览，我们就可发现，马歇尔愿意接受“真实成本或痛苦成本来自于劳动者的劳作和资本家的节欲”这种朴素的古典成本观。他未曾对成本下过一个精确的定义，部分原因在于他实用地直接关注于对价格形成的解释。马歇尔没有对成本的概念和定义本身提出质疑，一旦他为相关的实际问题提供了令他满意的答案，他似乎就会停止这些质疑。

就这些目的而言，有了由要素市场上形成的价格所决定的货币成本，似乎就够了。长期来看，当所有的调整都完成以后，若其他因素和规模报酬在此间保持不变，那么价格就会维持在货币成本这一水平上。对马歇尔来说，这是一个相当满意的论断，几乎是我们可望从经济学中得到的全部知识。他那些遍布各处的模型经常是“含混不清的”——细细体会确实是如此——并非是他疏忽了，而是因为他意识到将所有事情搞清楚具有相当的复杂性。也许这个判断显得对马歇尔过于偏爱，但我们可以认为，尽管马歇尔的理论存在含混不清之处，他确实没有犯下其后继者试图给成本下确切定义方面所犯的那些愚蠢错误。

弗兰克·奈特与美国的新古典范式

与马歇尔截然相反，弗兰克·奈特则“主要关注对问题进行准确定义……”。他意识到新古典经济学，实际上是马歇尔主义，对成本问题的处理存在着含混之处。在20世纪20年代末到30年代初撰写的一系列重要论文中，奈特构建了机会成本或替代性产品成本（alternate-product cost）的概念，这成为现代价格理论尤其是其美国–芝加哥学派变体的基本范式。奈特以亚当·斯密的鹿–海狸模型为起点，沿着本章开头部分所概述的思路，论证了该模型内含的有关机会成本的内容。“海狸的成本是鹿，而鹿的成本是海狸，这是（古典）成本概念中唯一客观和科学的内容。”[1]一个商品的机会成本可以由替代的（alternate）或者替换的产品（displaced product）来度量，并且，“所有与‘牺牲’和‘耗费’（outlays）有关的内容都（应该）完全忽略掉。”[2]“成本必须从产品而不是痛苦和耗费的角度来度量。”[3]

在1928年做出的他认为是“正确的”定义的这一表述中，奈特遵循的是他后来承认的标准奥地利学派的观点，尤其是维塞尔所代表的奥地利学派观点。在后来的一篇论文中，奈特表明，这也是威克斯蒂德所持有的观点。这一观点的要义在于，单位商品的生产成本，可以简单地由将生产中使用的资源投入理性地配置于其他用途时，本可能生产出的替代性实际产品来度量。这些替代性产品的市场价值提供了价值估计的公分母，一种在交换过程中被确定的价值。奈特正确地认识到，这种方法与维塞尔的如下观点相似：“由于每个生产过程都会减少所拥有的东西，因此减少

1　Frank H. Knight, “A Suggestion for Simplifying the Statement of the General Theory of Price,” *Journal of Political Economy*, XXXVI(June 1928), 359.

2　同上，第355页。

3　同上，第363页。

了效用——它也有所耗费，准确地说，它耗费了如果理性地运用所需的原料和劳动原本可能生产出的价值。”[1]

然而，在此后的若干年间，奈特意识到自己用替代性产品来直接衡量机会成本的做法存在某种错误。在1934和1935年发表的论文中，他试图清楚地阐述这一顾虑，但是他的努力并未取得大的成效。[2]他试图修改替代性产品的成本定义，以便能顾及不同的资源用途中存在的厌恶感（irksomenness）的差别，尤其是在应用到关于劳动配置的分析时。在一个极为复杂的讨论中，奈特指出，若资源所有者在资源所有用途上的金钱性报酬不相等，替代性产品成本的原则就不能完全适用。如果猎鹿者对更加愉快的工作（生产海狸）愿意接受相对低的金钱报酬，那么价值一美元的资源不用于生产鹿而是转用于生产海狸，增加的“社会”产出将会超过一美元。这样，海狸生产中相应增加的机会成本会大于该资源在转换用途前可生产的鹿的市场价值。所以，我们也要认识到厌恶感的净变化，并在价值计算时将其考虑在内。

这的确是一种合理的、从根本上来说也是正确的观察。不过，

---

1 F. von Wieser, “The Theory of Value,” *Annals of The American Academy of Political and Social Science*, II (March 1892), 618. 也可参见F.Von Wieser, *Über den Ursprung und die Hauptgesetze des wirtschaftlichen Werthes* (Wien, 1884), p.100.

2 Frank H. Knight, “The Common Sense of Political Economy (Wicksteed Reprinted),” *Journal of Political Economy*, XLII (October1934), 660-673，再版于Frank H. Knight, *On the History and Method of Economics* (Chicago: University of Chicago Press, Phoenix Books, 1963), pp. 104-118。该文是对威克斯蒂德《政治经济学常识》的评论。Frank H. Knight, “Notes on Utility and Cost,” (Mimeographed, University of Chicago, 1935). 该文被拆成两篇文章，以德文发表于*Zeitschrift für Nationalökonomie* (Vienna), Band VI, Heft l, 3 (1935)。

它所体现的机会成本概念，却与奈特早先提出的概念有了很大的不同。在新的分析中，奈特引入了资源用途的非金钱性收益和损失，这样一来，便切断了以替代性产品客观度量的市场价值与进入决策者主观计算的成本之间的重要联系，而如果想要为价值理论保留预测意义上的科学内容，那么这一联系是至关重要的。正因为没有认识到这一点，他必然将成本可客观度量的实证模型转换成了纯粹主观成本的选择逻辑模型。在没有预测性内容的选择逻辑模型中，替换的或替代性产品的市场价值与资源所有者的决策之间就不再有直接关联。所以，这种价值在任何意义上都不能看成是对决策者本人成本的度量。换言之，如同威克斯蒂德后来近似的说法，成本就是在进行决策之时替代性产品的预期或期望价值，或者选择者对该替代性产品的预期或期望价值。根据这一定义，资源替代性使用情形下获得的非市场价值就包含在成本的基本内涵之中。

奈特最初的立场成为了正统经济学的立场，并且在现代价格理论的主要内容中保留下来。在奈特看来，机会成本是极为重要的概念。“已做出的（不管是简单的还是复杂的）任一选择之成本，是做出该选择所必需放弃的替代选择；若在特定的经验范围内没有其他选择机会，因而无需作任何选择，那么就不存在经济问题，而成本也没有任何意义。”[1]“于是，经济意义上的成本在于，为了获得资源或资源能力在实际选择用途中的收益而放弃的该资源或资

1 Knight, “Notes on Utility and Cost,” 出处同前，p. 18.

源能力在其他用途之使用。”[1]“唯一有生命力的一般成本理论是替代性成本理论，这种成本可以较准确地称之为替代性产品成本，但是这一论断只能在限定条件下成立，即只有在特定条件满足的均衡条件下，它才是正确的。”[2]

在纯粹理论讨论的情境下，这些是完全可接受的也是完全正确的表述。成本可由替代性产品的市场价值来度量。尽管事实上市场价值一般由诸多生产者和消费者的主观评价决定，但是，成本至少在事后可由外部观察者来进行估计，从这一意义来说，成本是客观的。市场价格衡量了边际生产水平上集体的价值评估，而价格本身是客观的。

关于成本的这些阐述，广泛地被大部分现代价格理论家不加批评地接受了，他们中的大多数人都没能看到，如此定义的机会成本与选择毫无关系。正是由于这一原因，正统理论和非正统的伦敦学派理论之间简单但微妙的差别，为这本小册子提供了合宜的主题。

1　同前，第19页。

2　Knight, “The Common Sense of Political Economy (Wicksteed Reprinted),” 出处同前，p. 116.

第二章
伦敦学派传统的起源与发展

威克斯蒂德与选择的计算

威克斯蒂德[1]使成本理论偏离了古典的、客观的基础，这一点应该获得认可。尽管公正地说，杰文斯是这方面的先驱，但在超越马歇尔的成本观方面做出重大推进的是威克斯蒂德，正是他将机会成本非常直接地与选择联系在一起。威克斯蒂德认为，生产成本，“从资源已经被用于这种或那种特定用途这一既成事实的意义上来说，对于所生产的物品的价值没有产生什么影响”。[2]正

1 威克斯蒂德（Philip Henry Wicksteed，1844—1927），英国经济学家、古典学者、文学评论家、神学家。受杰文斯和奥地利学派经济学家的影响，威克斯蒂德的主要研究集中在经济选择和资源配置理论方面，被认为是英国的奥地利学派学者，其代表作有《分配规律的同位论》（1894）和《政治经济学常识》（1910）。——译者

2 Philip H. Wicksteed, *The Common Sense of Political Economy* (London: Macmillan, 1910), p. 380.

因如此，生产成本也不会影响供给。真正影响供给的是预期成本（anticipated cost）。这种预期成本是“面临权衡取舍时为了生产某种特定物品而必须舍弃的选择”，[1]这种成本“会影响工匠是否生产某种物品的决策”。[2]这样，威克斯蒂德就在成本的度量与选择行为之间建立了极为重要的联系。在任一时点上，人们既可以前瞻也可以回望。在时间轴上，一个人回望的是已被排除的选项，前瞻的是依然需要加以抉择的选项，在后一情形下，他可以作出也必须作出选择。明确这一基本点后，成本就成为在各种选项中进行选择这一行为的一部分，而这种选择对于选择主体而言必定是主观的。这样，成本就不像古典和新古典的讨论所认为的那样与商品或资源有着直接的联系。

威克斯蒂德充分认识到，围绕着“成本”这一术语的使用存在着诸多歧义，并为此提供了精彩的例证。[3]但是在作出这些论述的同时，威克斯蒂德自己也没有完全解释清楚“成本”的含义。在谈及成本时，他将生产成本或成本价格（cost-price）定义为“为了将一单位的某商品投放到市场上所牺牲的所有替代选择的、以黄金度量的预估价值。”[4]

---

1 同前。

2 同前。

3 “这些例子可以解释‘成本价格’这一词汇所具有的极大的模糊性。……交易各方……会在不同意义上使用该词汇。他们在描述完全相同的事物状态时，一个人会声称他‘完全没有获利’，而是‘亏本销售’，而另一个人可能会说‘他的情况可真够糟的，但还没有糟到那个程度’。人们可能会信誓旦旦地宣称，他们在‘以低于成本的价格销售’，但却从未想过歇业。”同前，第380—381页。

4 同前，第385页。

毫无疑问，威克斯蒂德对20世纪20年代后期和30年代早期兴起于伦敦经济学院的成本理论具有持续的深远影响。就像我想说明的那样，在威克斯蒂德异常敏锐的观察中，我们可以发现“正确的”成本理论的发展轨迹。但在威克斯蒂德那里，成本理论并没有充分展开，原因很简单，因为这对分析他自己的问题而言已经足够了，没必要再深入探索。人们可能会认为，威克斯蒂德的成本理论，如同马歇尔的成本理论，本可以同20世纪30年代的一系列新问题所提出的挑战一样，产生深远的影响。

赫伯特·达文波特[1]

赫伯特·达文波特是一位美国经济学家，他与威克斯蒂德大致上属于同时代的人。他的影响仅限于一群相对少的追随者，而这些追随者中也没有一个成为经济学说史上的重要人物。然而，如果从本书提出的视角来看，达文波特关于机会成本的洞见表明，在这篇综述中将他的名字置于威克斯蒂德和奈特之间是适当的。

达文波特所强调的是被他称为“企业家成本”（entrepreneur's cost）的概念，并且通过效用的维度对此加以清晰的界定。“也就

1 赫伯特·J. 达文波特（H. J. Davenpot，1861—1931），和弗兰克·A. 菲特（Frank A. Fetter）一起被认为是20世纪初美国的奥地利学派经济学家的代表人物。曾在凡勃伦指导下于芝加哥大学获得博士学位，自1900年起先后任教于芝加哥大学、密苏里大学和康奈尔大学，代表作有《价值与分配》（1908）和《企业经济学》（1913）。——译者

是说，作为一个边际的决定因素，成本纯粹是企业家个人范围内的事情，是一个经营方面的事实、一个主观的现象，在其中，所有对人们在不同的工作和休闲之间进行选择的心理产生影响的因素都具有重要意义。”[1]此外，达文波特明确地认识到，成本与具体的选择情境有关。事实上，他对企业家成本的强调源于他对其他学者尤其是马歇尔的批判，后者将企业家成本与被达文波特称为“集体主义成本”的概念混为一谈。[2]

达文波特在《价值和分配》这本专著中所包含的机会成本概念，几乎与威克斯蒂德提出的概念一样深奥。达文波特的观点未能产生本该有的重要影响，这显然应归咎于他没能清晰地表达出这些观点，同时也可能跟他对那个时代中经济学领域的偶像的粗暴态度有关。如果达文波特能够对20世纪20年代之后才产生的成本理论中公然的混淆加以批判，那么他肯定能够获得更大的声誉。[3]

奈特论“作为价值评估的成本”

十分有趣的是，弗兰克·奈特在撰写我们先前引用的所有论

---

1 Herbert J. Davenport, *Value and Distribution* (Chicago: University of Chicago Press, 1908), p.273.

2 同上，尤其是第404页。

3 关于成本理论历史的总结，其中包含了对达文波特观点的详细介绍，请参见Bob M. Keeney, “The Evolution of Cost Doctrine,” (Mimeographed, Midwestern Economics Association, November 1967)。

文之前，就曾明确指出，对成本的估计行为是一个内嵌于选择行为本身的价值评估过程。“任何价值的成本，都只是选择该价值而放弃的另一种价值；正是对选择的抗拒或抵制才使之成为选择。”[1]（着重号为作者所加）然而，在将机会成本和决策过程联系起来后，奈特混淆了一些基本问题，这体现在他后来对替代性产品价值的强调上，根据假设，这种价值不是由选择者决定的，而是在整个市场过程中决定的。

罗宾斯，1934年

在1934年发表的一篇原理性的论文中[2]，莱昂内尔·罗宾斯[3]对奈特和其他一些学者强调的替代性产品意义上的机会成本概念作出了回应，恰如奈特自己在1934和1935年的论文中所做的反思一样。在这一回应中，罗宾斯为机会成本概念提供了后来逐渐为伦

---

1 Frank H. Knight, “Fallacies in the Interpretation of Social Cost,” *Quarterly Journal of Economics*, XXXVIII (August 1924), 592f.，该文再版于F. H. Knight, *The Ethics of Competition* (London: Allen and Unwin, 1935), p. 225。

2 L. Robbins, “Certain Aspects of the Theory of Cost,” *Economic Journal,* XLIV(March 1934), 1-18. 罗宾斯对这里的成本问题的兴趣，在其早期的论文中就有所体现，见“On a Certain Ambiguity in the Conception of Stationary Equilibrium,” *Economic Journal*, XL (June 1930)，特别是第209—211页。

3 莱昂内尔·罗宾斯（Lionel Robbins，1898—1984），英国经济学家，经济思想史家，1923年毕业于伦敦经济学院，之后一直在该校任教，并长期担任经济学系主任，是继坎南之后的伦敦学派领袖，代表作有《论经济科学的性质与意义》（1932）、《大萧条》（1934）和《经济思想史中的经济发展理论》（1968）等。——译者

敦学派所认同的基础内容。无论是奈特在他1924的论文中还是罗宾斯本人，都没有认识到他们所作的区分的重要性，而罗宾斯认为自己仅仅是澄清了一些与正在兴起的奥地利学派的正统观点相关的歧义，他将奥地利学派正统观点的来源归结为维塞尔。具体地说，罗宾斯认为，成本必须从替代性价值（displaced value）的角度而不是从替代性实际产品（displaced real product）的角度来进行定义。他指出，一旦超出斯密的鹿–海狸模型，替代性的实际产品就几乎没有任何意义。为了说明这一点，他用到的相关例证是以完全不同的投入品所生产出来的最终产品，或是以相同投入品但以不同且固定的技术系数所生产出来的最终产品。在这些条件下，需求的变动会导致成本的改变，而这不能由对替代性实际产品的取舍来解释。这时成本的变化是因为投入要素的相对价值变化了，而价值则源于对最终产品的需求。

虽然上述澄清非常有价值，也体现了罗宾斯论证的主旨，不过它们不是我们这里要关心的主题。或多或少像题外话，罗宾斯引入了一些涉及成本不同的基本概念的论述。显然，他并没有从这一角度考虑这些论述，或许是因为在他看来，对于一个全面学习了威克斯蒂德理论的人来说，这些内容是显而易见的；或者，从另一种意义上来说，这些论述对于罗宾斯的中心议题无关宏旨。我指的是他将成本与选择行为本身明确地联系起来。“价值评估的过程实际上就是一个选择的过程，而成本是这一过程的消极方面”（第2页）。“不管是哪一种成本理论，其基本要求都是必须能够解释任一工业生产线的生产所面临的实际阻碍因素”（第5页，着重号为原文所加)。“孤立的生产者会考虑到他选择不生产其他产品时所要牺牲的东西”(第5页)。

不幸的是，就在讨论中夹杂着这些极具启发性的评论之后，罗宾斯马上又掩盖了这些评论的潜在影响。在这一方面，罗宾斯似乎与奈特十年前的做法一样。在上面所引的后面两个论述的下一页，罗宾斯说道:“价格与生产成本在价值意义上相等这一条件，如同边际产品与要素价格成比例这一条件一样，也是在瓦尔拉斯体系中实现均衡所必不可少的”(第6页)。在这种明显的正统新古典式论述中，选择行为中的成本与经济行为预测理论中的成本之间存在的细微但又本质的区别已经消失了。

米塞斯、罗宾斯及哈耶克论社会主义经济计算

如前言中所述，现代奥地利学派可能会以某种理由宣称，在此处归功于杰文斯、威克斯蒂德、达文波特和奈特并最终发展成伦敦学派传统的机会成本概念，是由后期的奥地利学派尤其是路德维希·冯·米塞斯独立发展起来的。在那本里程碑式的、雄辩的、但又被严重忽视的专著——《人的行动》[1]中，米塞斯提出了一种机会成本理论，事实上，这几乎与我们在后面将要讨论的伦敦学派完全成熟的机会成本概念相同。米塞斯在《人的行动》中对

1　Ludwig von Mises, *Human Action* (New Haven:Yale University Press, 1949).

成本的明确论述也将在后面讨论。在这里需要指出的是，作为英文版的底本的德文原作直到1940年才出版，[1]因此，为了讨论《人的行动》出版之前的这段时期，我们必须考察米塞斯早期的一些著作。就早期著作与《人的行动》之间的联系而言，要特别关注的是他在1920年发表的论文[2]，以及随后于1922年出版的那本书[3]。在1920年的论文中，米塞斯指出，在社会主义的社会中，经济计算是不可能的。

如果以现代眼光来阅读米塞斯的早期论述，我们会发现，其论点中的一些洞察力来自于一种更为复杂的机会成本概念，而他在当时却没能明确给出这一概念。米塞斯对社会主义经济计算可能性的抨击，与后来出现于伦敦经济学院和他自己著作中更完整的机会成本概念是完全一致的。虽然米塞斯早期的讨论并未直接围绕成本问题本身来展开，但是他讨论的主旨却明显与成本理论后来的发展密切相关，并且他对该理论的贡献与威克斯蒂德和奈特的贡献一样，值得我们关注。除了米塞斯的著作本身具有十分重要的作用之外，他还对莱昂内尔·罗宾斯和F. A. 哈耶克的研究产生了重要影响。哈耶克是移居英国的奥地利学派经济学家，后

---

1 即在瑞士出版的*Nationalökonomie: Theorie des Handelns und Wirtschaftens*（《国民经济学：行动理论与经济学》）（Geneva: Editions Union, 1940）。——译者

2 "Die Wirtschaftsrechnung im sozialistischen Gemeinwesen," *Archiv für Sozialwissenschaften*, XLVII(1920)，以"Economic Calculation in the Socialist Commonwealth"为英文名，收录在F. A. Hayek (ed.), *Collectivist Economic Planning* (London: Routledge, 1935)。

3 Ludwig von Mises, *Die Gemeinwirtschaft* (Jena, Germany: Gustav Fischer, 1922). 德文第二版出版于1932年。米塞斯在后来的英文译本*Socialism* (New Haven:Yale University Press, 1951)中增添了后记。

来成为伦敦学派传统的代表人物之一。

除了本章前面所引述的1934年的那篇论文之外，罗宾斯也参与了关于社会主义计算可能性的大辩论。[1]要评价罗宾斯在这段时期所做的贡献，就必须将其与对米塞斯著作的评价紧密联系起来。罗宾斯的论点本可以很好地建立在比公开讨论的机会成本更复杂的概念之上，但是，当代人在阅读他的论著时可以发现，如果罗宾斯能够更清楚地区分可客观度量的成本和作为决策过程基础的成本，那么他本该与米塞斯和哈耶克一道，产生更大的影响力。

哈耶克对成本理论发展的具体贡献，体现在他关于社会主义经济计算大辩论的部分论述中，而这些贡献如同奇怪的大杂烩。在他编辑的那本著名论文集[2]的引言中，哈耶克预示了他后来对方法论更加明确的强调，即强调区分两种数据的必要性，一种是经济过程中作出选择的个人主观理解和感知的数据，另一种是任一外部观察者均可获得的客观数据。正如我们将看到的，这一方法论步骤对于真正理解成本问题至关重要。然而，在1935年，哈耶克似乎仍没有将这种方法论完全吸收进其基本理论中。在收录于上述论文集中的一篇文章——《争论的现状》（The Present State of the Debate）中，他明确指出，在社会主义制度的环境下，生产成本难以计算，主要是因为缺少达成竞争性均衡的条件，而在竞争性均衡下，“生产成本确实具有十分确切的含义”[3]。这种对竞争性均

1　Lionel Robbins, *The Great Depression* (New York: Macmillan, 1934), esp., pp. 143-154.

2　F. A. Hayek (ed.), *Collectivist Economics Planning*，出处同前。

3　同上，第226页。

衡条件的强调，也明显存在于罗宾斯的论著中，它为阿巴·勒纳[1]后来作出的有力回应打开了方便之门。在回应中，勒纳主张，无论现实世界的状态如何，都只需采取使价格等于边际机会成本的定价规则。[2]

在这里，我的目的不是对关于社会主义经济计算的讨论进行评价，而只是想考察那场讨论中所涉及的对机会成本纯理论做出贡献的部分。除了勒纳（他的见解更为深刻，并且他本身也是发展中的伦敦学派传统的一份子）以外，那些主张“社会主义计算具有可行性”的学者都接受了客观的成本定义，而没有对这种定义可能带来的问题做出任何严肃的批判性考察。

哈耶克、米塞斯与主观主义经济学

哈耶克于1931年被任命为伦敦经济学院经济科学与统计学图克讲座教授，这一职位一直保持到1950年。一般认为，哈耶克和罗宾斯在成本理论上为伦敦学派传统提供了诸多思想来源，而伦敦学派传统正是在哈耶克任职于伦敦经济学院的20年间逐渐发展

1　阿巴·勒纳（Abba P. Lerner, 1903—1982），俄裔美国经济学家，1929—1932年就读于伦敦经济学院，毕业后在该校任教到1936年，后来任教于美国芝加哥大学等。他的主要理论贡献在通胀、失业和国际贸易等领域，曾于20世纪30年代作为支持社会主义一方参与社会主义经济计算大论战。——译者

2　A. P. Lerner, “Statistics and Dynamics in Socialist Economics,” *Economic Journal*, XLVII (June 1937), 253-270.

起来的。正如前面所指出的，哈耶克在这一领域的贡献主要在于为其他学者更为明确的成本理论研究提供了方法论基础。他以令人信服的权威性将主观主义经济学的方法论呈现出来；他的论文首次出版虽然已近30年了，但是仍然值得一读。总体来说，如果哈耶克的论文能被人们更广泛地阅读或更为深入地理解，那么现代经济理论原本肯定可以避免一些严重的混乱。

我们有必要区分在价值理论中吸纳了主观价值或边际效用革命成果的正统新古典经济学与现代奥地利学派（尤其是米塞斯和哈耶克）的主观主义经济学之间的差别。在前者那里，一方面完全认识到价格（价值）取决于主观决定的边际效用，但另一方面却实质上保留了客观的成本理论。在杰文斯的著名论断中，边际效用取决于供给，而供给反过来又取决于生产成本。正如前文所述，这一理论在本质上完全是客观主义的，虽然买家和卖家的价值评估作为客观数据的一部分包含其中。尽管该理论没有说价值仅由成本决定，但成本是可以客观确定的。与古典理论相比，新古典理论中不再有单向的因果关系，但仍保留了解释的客观性。正是这种客观性被米塞斯和哈耶克完全摒弃了。在这方面，米塞斯和哈耶克与早期的奥地利学派具有很大的不同，虽然他们似乎并没有完全意识到这种区别。从很多方面来看，他们似乎更接近于威克斯蒂德而不是维塞尔。

毋庸置疑的是，主观主义经济学是由哈耶克明确引入伦敦经济学院的。在1937年发表的一篇极为重要的论文[1]中，哈耶克列出了主观主义方法论的关键特点，这些特点在他后来的著作中得到了详细的阐述。[2]在1937年的论文中，哈耶克对米塞斯的基础性著作[3]给予了高度评价，这一著作在1933年以德文出版，但是要到许多年后（1960年）英文世界才得以观瞻。从某种意义上说，哈耶克最初的论文提供了“经典的”主观主义方法论，这一方法论对直接与选择相关且与新古典主义正统成本理论形成鲜明对照的成本理论至关重要。

只要经济理论的任务主要被限定在对市场互动行为的解释上，主观价值经济学与哈耶克和米塞斯所提倡的主观主义经济学之间的细微差别就会自然地被遮蔽。杰文斯关于供给问题的著名论断就是一个例证。在杰文斯看来，只要响应消费者需求的个体生产者是我们要试图解释其行为的行动者，那么就完全没有必要探究生产成本是主观的还是客观的。成本是生产者作出选择的障碍，经济学家可以在这一背景下对“成本法则”（laws of cost）展开讨论而无需假定成本是可以客观度量的。

---

1 F. A. Hayek, “Economics and Knowledge,” *Economica*, IV (1937), 33-54, reprinted in Hayek, *Individualism and Economic Order* (Chicago: University of Chicago Press, 1948), pp. 33-56.

2 哈耶克发表于1940、1941、1942和1943年的其他论文包含在以下两卷书中：*Individualism and Economic Order*（出处同上）以及*The Counter-Revolution of Science* (Glencoe, Ill.: The Free Press, 1952)。

3 Ludwig von Mises, *Grundprobleme der Nationalökonomie* (Jena, Germany: Gustav Fischer, 1933), translated by George Reisman as *Epistemological Problems of Economics* (New York: Van Nostrand, 1960).

无论怎样定义成本，随着“福利经济学”的出现，这种先前可接受的方法论的模糊性都已不再经得起检验。如果以理想化的市场互动过程——纯粹的或完全的竞争——作为判断市场状况的标准，进而以此作为干预实际市场过程的政策规范，那么我们就必须直面成本能否客观度量的问题。如果把价格“应当”与生产成本相等作为一种政策规范，那么，在可由他人而非直接决策者度量这一意义上说，成本必然被假定为客观的。

似乎只有哈耶克和米塞斯完全意识到这一问题及其极端重要性，虽然其他很多经济学家也曾隐约受其困扰。对哈耶克和米塞斯而言，**主观主义经济学**意味着明确否定指导经济选择的数据的**客观性**。行动主体，即选择者，根据自己的标准选择所偏好的某些选项，并在外部条件不变的情况下实现经济均衡。然而，这种个人的或鲁宾逊式的均衡，与描述多个行为主体或多个选择者之间互动过程的那种均衡是截然不同的。在后一种均衡情形下，所有其他人的行为均成为单个决策者进行选择的必要数据。在这里，均衡不是以客观确定的“条件”或某些具体量值（如价格和成本）之间的关系来描述，而是以相互强化且协调的预期的实现来描述。客观主义与主观主义这两种分析方法之间的差异是深刻的，但是它却在新古典经济学对理想化市场互动过程的强调中被巧妙地回避了，而在理想化市场互动过程中，所有个体都被假定为按经济原则行事（behave economically）。在纯粹经济人所处的一成不变的经济环境中，这两种分析方法在表面上是相同的，但在一个并非所有行为都按经济原则行事从而真正的选择得以发生的世界里，这两种分析方法之间的重要差异就会清晰地浮现出来。

我认为，在这个决定经济理论发展走向的关节点，我们必须要问一句：为什么哈耶克令人信服的观点影响会如此轻微？毫无疑问，客观主义经济学仍将大行其道，而其实践者中鲜有人停下来去批判性地审视这一理论的方法论基础。可以肯定的是，导致这一失败的原因多种多样，但是，过度地关注“均衡”的定义（尽管均衡本身非常重要），可能已阻碍人们去接受更为一般的主观主义概念。在阅读关于激烈的社会主义计算大辩论的文献时，无偏见的读者可能自然会得出结论，关键的问题在于从静态的均衡条件可能会推导出错误的政策准则。这的确是一个问题，但主观主义者对此展开的批评却令人费解。正如此前我们所指出的，这种对均衡的关注——对此哈耶克、罗宾斯甚至一定意义上米塞斯都难辞其咎——为勒纳打开了方便之门，他在推导出明确要求引入可客观度量的成本的政策规则时，省却了一般均衡参照系统的所有内容。

机会成本的现实意义：科斯，1938年

在罗宾斯、哈耶克和米塞斯从更抽象的层面和方法论层面对成本理论作出贡献的同时，或许更能体现伦敦学派成本传统的其他一些元素在20世纪30年代开始形成。这些元素反映了威克斯蒂德的一些基本观念在商人面对的实际问题中的直接应用。这种

“常识”（common sense）分析方法原本在伦敦经济学院就有着一定的根基，体现在不断强调从现实问题着手的坎南[1]的研究中。不过，虽然坎南接受了机会成本概念，但是他似乎对成本理论并没有做出什么具体的贡献。[2]

这种关注于实际商业问题的分析方法得到了阿诺德·普兰特[3]的进一步推进，他对伦敦学派传统的发展做出了重要但间接的贡献。据我所知，在他发表过的所有著作中，普兰特都没有明确讨论过成本理论问题，但是他的学生和同事对这一理论的贡献反映了他的影响。R. H. 科斯和G. F. 瑟尔比都是普兰特的学生，对于他们的相关贡献，我将下文概述。

会计师与新古典经济学家在成本定义和度量方面的差异，是一个老生常谈的话题。但是，一旦我们考虑到机会成本的完整含义，这些差异就会呈现出即便现在也无法由正统经济学家的工具箱所解释的特点。这种情况，可以在科斯于1938年发表的一系列文章中清楚地看出来，这些文章是他专为启发会计实务工作者而

---

1 坎南（Edwin Cannan，1861—1935），英国经济学家，毕业于牛津贝利奥尔学院，1895年至1926年任教于伦敦经济学院，后在牛津大学任教并退休。他是伦敦学派的奠基者和领袖，培养了以罗宾斯为代表的一大批经济学家。他在经济学方面的贡献主要体现在经济思想史的研究和斯密著作的编校上；他编辑的《国富论》，曾被认为是最好和最标准的版本。——译者

2 尤其参见坎南对亨德森《供给与需求》（*Supply and Demand*）一书的评论，再版于Edwin Cannan, *An Economist's Protest* (London: P.S. King, 1927), pp. 311-314。

3 阿诺德·普兰特（Arnold Plant, 1898—1978），英国经济学家，在伦敦经济学院获得商学学士和经济学学士，1923年开始任教于南非开普敦大学，1930年转任伦敦经济学院商学教授。他的主要理论贡献在于对财产和所有权功能，尤其是专利、发明和版权的分析。——译者

撰写的。[1]虽然这些文章非常清楚地讨论了使用“成本”这一术语时存在的定义问题，并且突出地强调成本与选择过程相关，但是它们也只是为较少的现代经济学家所知晓。

“首先需要明确和重点强调的一点是，我们应该关注做出具体决策时会发生的变化，而与商业决策相关的变化则是成本和（或）收入方面的变化。”（第106页）“需要注意的是，会计记录只是披露了与过往的经营相关的数字，而商业决策取决于对未来的估计。”（第108页）“由于不确定性的存在以及收支发生的时间点不同，行动方案可能还具有非金钱性的收益和损失，因此成本与收入并不能准确地以货币的形式来表示。”（第116页）“做任何事情的成本，都包括没有实施该项决策的情况下本来可能获得的收入。当某个人说某个具体行动方案是‘不值得花费这些成本的’，这仅仅意味着他偏好另一个行动方案——如果他没有选择该特定方案，他的个人收益会更多，至于这些收益是金钱性的还是非金钱性的则无关紧要。这种特殊的成本概念似乎是解决商业问题时唯一有用的成本概念，因为它关注的是商人所面对的需权衡取舍之替代性行动方案。只有当商人在各种行动方案中选择了能使其利润最大化的那个方案时，其成本才能得到弥补。弥补成本和使利润最

1　R. H. Coase, “Business Organization and the Accountant,” *The Accountant* (October-December 1938). 这些文章均再版于David Solomons (ed.), *Studies in Costing* (London: Sweet and Maxwell, 1952), pp. 105-158。

除了科斯之外，属于普兰特团体成员的青年商业经济学家还有R. S. 爱德华兹（R. S. Edwards）、R. F. 福勒（R. F. Fowler）和戴维 · 所罗门斯（David Solomons）。该团体致力于构建对商业运营尤其是会计实践具有更大现实价值的经济理论。

大化，实际上是表达同一个现象的两种方式。”（第123页）

如果从现代视角来详细解读科斯早期的论文，我们就能明白，其中蕴含的成本这一术语在概念上不同于新古典范式。科斯非常明确地将成本与选择联系在了一起，并极力反对任何对成本进行分类的企图——例如固定成本和可变成本——无论所要讨论的决策是哪一种类别。就我们的讨论目的而言，或许科斯最重要的贡献就在于上述引用中带着重号的论述。任何可能实现但却被放弃的利润机会，都成为施行所选行动方案的成本。尽管机会成本概念明显有着坚实的推理，经济学家也意识到接受这一推理简明扼要的结果的必要性，但是，无论是在过去还是现在，他们都极不情愿迈出这一步。将所有被放弃的利润包括在成本中，严重破坏了我们惯用的整套成本曲线分析工具。可是，没有了这一工具，我们又该如何教授基本的价格理论？

在严格的新古典模型中，成本与所放弃的利润是截然分开的，因为它们都不直接与选择相联系。作为可客观度量的支出，成本可用替代性产品的价值来加以近似估计。在这里，记住这一分析的古典根基对我们讨论的问题是有用的。就成本是客观的并因此可由置身于选择过程之外的局外人度量这一点来说，它们可以为有关行动主体（个人或企业）行为的预测性假说提供基础，并由此为有关价格的假说提供基础。就此而言，新古典的客观主义世界与伦敦学派-奥地利学派的主观主义世界之间是难以轻易调和的。

当成本理论中更为基础的概念正在逐渐得到澄清之时，成本理论存在的混乱在20世纪30年代早期又因为罗宾逊–张伯伦及其相关著作进一步加剧。在明显植入客观主义而非主观主义成本概念的模型中，这些著作将企业理论的地位提升到一种不恰当的重要位置上。如果这些理论分析的目的在于“解释”企业的行为，那么选择必然是应该关注的主题，且不能把成本加以客观化处理。严格地说，整个边际收益–边际成本分析工具，仍然是选择逻辑核心的一部分，但它也仅限于此，因为对于实际的决策者来说，成本和收益都是以纯粹主观的形式来作出评估的。因此，企业理论的现代发展放松了成本和收益流层面人为和明显的客观性，而代之以更合理的效用指标——即使它基本没法操作——也就不奇怪了。

科斯早期的企业理论研究是在“选择视角的解释”（choice-explanatory）框架下进行的，并未受到广受赞誉的不完全竞争及垄断竞争模型的约束。在这一框架下，科斯认为被放弃的利润必须包括在机会成本中，并且坚持认为成本应被视为机会成本，是在不实施某个特定决策方案情况下可以避免的东西。在这些方面，科斯是完全正确的。

尽管科斯在企业理论框架下对澄清机会成本概念做出了重要贡献，但是他在1938年的系列论文中并没有完全将哈耶克和米塞斯的“主观主义经济学”吸纳进自己的分析中，也没有将自己的概念与新古典正统理论的相关概念区分开来。[1]

G. F. 瑟尔比与《裁定者》

从学术渊源上来说，20世纪30年代的维也纳和开普敦都是伦敦的近邻。受移居至此的伦敦经济学院经济学家的影响，对成本理论的后续一波重大贡献出现在开普敦。主要是受阿诺德·普兰特和W. H. 赫特[2]的影响，一种拓展了伦敦学派分析方法的口述传统得以在开普敦发展起来。这一口述传统的成果体现在G. F. 瑟尔比[3]于1946年发表的两篇论文中。在这两篇论文中，瑟尔比，这位曾在伦敦经济学院求学并在若干年后又回到伦敦的经济学家，进一步推进了澄清成本理论的进程。一直到1960年，他都在持续这一

---

1 在后来更广为人知的关于边际成本定价的论文中，科斯对多部定价的辩护深受从他早期论文发展起来的机会成本概念的影响。正如后来一些学者所阐述的，科斯强调的是人们所熟知的边际成本和利润标准之间的冲突，而他从机会成本角度对多部定价所作的辩护被人们严重忽视了。参见R. H. Coase, “The Marginal Cost Controversy,” *Economica,* XIII (August 1946), 169-182。在对科斯论文的一篇评论中，瑟尔比批评了其中暗含的成本客观性。参见G.F. Thirlby, “The Marginal Cost Controversy: A Note on Mr. Coase’s Model,” *Economica*, XIV (February 1947), 48-53。

2 W. H. 赫特（William H. Hutt，1899—1988）是一位具有奥地利学派传统的英国古典经济学家，1924年在伦敦经济学院获得商学学士学位，1928年任南非开普敦大学高级讲师，1930年任商学教授，致力于对凯恩斯主义的批判。——译者

3 G. F. 瑟尔比（George F. Thirlby，生卒情况不详），英国经济学家，曾在伦敦经济学院受教于哈耶克，并在他的影响下与科斯、怀斯曼等一起，为公共物品定价理论做出了重要贡献。他曾于1934年至1947年任教于南非开普敦大学，1947—1962年任教于伦敦经济学院。——译者

努力，力图使其他经济学家转而接受他认为更可接受和更一致的机会成本观点，但是他的观点似乎被严重忽视了。

像科斯一样，瑟尔比在1946年发表的第一篇论文中将经济学的成本观念与会计工作者的成本观念联系起来。[1]瑟尔比将威克斯蒂德和现代奥地利学派的主观主义经济学完全整合进其分析之中，而他所强调的重点就在于成本的主观性。于此处引用这篇早期论文中的一定篇幅，似乎是合适的：

> 对于主观主义者来说，成本可以理解为采取了某一个而不是另一个行动方案的管理决策所舍弃的潜在机会。成本必然与某个人的行为相关，这个人面临着在（至少）两个行动方案中选择其中一个的可能性，但不能二者兼顾。他会考虑这两个行动方案对于自己的相对重要性，并发现其中一个比另一个更加重要；换言之，相比另一个，他‘偏好’其中的某个方案。他采取不太偏好的那个行动方案的潜在机会，就成为他选择更为偏好的那个方案的潜在成本。通过就选择更为偏好的行动方案作出决策，他要承担一定的成本——因为他舍弃了替代机会。成本不是某些会作为决策结果在特定渠道流转的东西——例如金钱；对于作出决策的人而言，成本是将这些东西运用于替代性行动方案中的潜在的或实现的机

1 G. F. Thirlby, "The Subjective Theory of Value and Accounting Cost," *Economica*, XIII (February 1946), 32-49.

> 会损失。更不必说，这种成本不能被其他人发现，即使他最终观察并记录下在那些渠道流转的那些东西。成本不是某种可以用这种方式加以客观发现的东西；它是在流转过程开始之前就存在于决策者头脑中的东西，某种可能之前只是被模糊理解的东西……
>
> 成本具有瞬间性。某个具体决策中涉及的成本会随着决策过程的进行而失去其重要性，因为该决策取代了可替代的行动方案。[1]（着重号部分，原论文用的是斜体）

对成本瞬间性质的强调，使瑟尔比的论文与伦敦学派传统的早期贡献区分开来。在这篇稍早的论文中，瑟尔比对这一概念的坚持也有所动摇，而在后来的著述中他则一再强调这一概念。注意他在上述某处说的“潜在的或实现的”：他没能看出正是所谓的实现的成本（realized cost）这一概念导致了自相矛盾，这一点他在后来给予了说明。同样，他所提及的“被模糊理解”的成本，意味着它与在决策行动序列中较晚时点出现的、被清楚理解的那种东西不同，后者也可能被称为成本。

将瑟尔比对机会成本的严密推理扩展到所谓定价“规则”（rules）的适用性和实用性讨论是水到渠成的，而这正是他第二篇论文《裁定者》[2]要讨论的内容。瑟尔比明确地表示，他对学者们争

1　同前，第33—34页。

2　G. F. Thirlby, “The Ruler,” *South African Journal of Economics*, XIV (December 1946), 253-276.（该文译文见附录二。——译者）

论激烈的“哪一种规则”（which rule）的问题不太感兴趣，这一问题会遮蔽对任何定价“规则”（any rule）问题的分析。正如在后一篇论文中所体现的，他强调的是这样一种事实：成本不是“在可以进行仔细审查那种意义上的客观的东西”。那种标准的成本定义和度量被认为忽略了对“丧失的机会”的价值评估，瑟尔比认为，除非将这种价值评估考虑在内，否则没有什么规则可用于确保对人们偏好的满足。

瑟尔比反对正统经济学所作的“长期”和“短期”的划分，并明确地表明，“成本仅在做出决策时即仅在计划阶段产生”（原文第259页）。他澄清了我们称之为决策、预算以及会计层面的计算之间的区别。根据他的思路，成本与决策相关，而且它必然反映了所放弃的替代选择的价值。然而，预算体现的是已作出的决策的预期或预计收益和支出，而将预算中的这种预期支出看作成本是错误的。同时，还要区分预算与账目，后者衡量的是由于具体的行动方案而实现的收入和支出。这种澄清本身是简单的，但它对我们的分析十分有益。它表明前瞻的（forward-looking）或者事前（*ex ante*）的框架本身不足以确保恰当的成本概念被采用。根据定义，预算是一种计划性文件，是对具体事件的事前规划；然而，从相关的机会成本意义上说，它并不会使预期收益与预期成本达到平衡。预算中的“成本”侧衡量的是一种作为已经选定的具体行动方案的结果而即将支付的预期支出。预算中的“成本”不能反映替代选择方案的价值，而只有在能确保替代选择的收益超过预期支出的特殊情形下，这种替代性行动方案才会被决策者选择。

要使批评者相信“成本在选择那一刻必定是主观的”，不存在也不应该存在什么困难。但是，一个人可能会完全接受这一方面的主观主义成本观，却仍然认为，在决策发生之后，成本就变为客观的从而可以度量了。在稍早的论文中，瑟尔比可能还没有完全理解在决策发生的那一刻成本会瞬间消失。然而,《裁定者》一文则对这一点进行了强调:“成本的数值永远都不可能是客观的；也就是说，我们永远无法检验对替代性收入的预测是否正确，因为替代性项目永远不会存在进而产生实际的替代收入”。(第264页)

继1946年的这两篇论文之后，瑟尔比继续提出他在成本问题上的有关观点，而大部分的此类研究都是在企业组织和决策理论的框架下进行的。虽然绝大部分核心观点已在先前的那两篇论文中提出过，但一些分析重点的转变却值得注意。在1952年的一篇论文中，瑟尔比令人信服地提出，在经济分析特别是有关决策过程的分析中，应该更广泛地关注时间这一维度。“在作出决策和实现结果之间有一段时间间隔……决策之前的脑力思考或计划盘算，发生在计划好的商业运作之前”。认识到这一点，可以“在实现最大化过程中预先牢记（成本）高度的主观性……这可以防止我们错误地对成本或收益的数值赋以客观性”[1]。

在1960年发表的一篇论文中，瑟尔比指出，成本定义的微妙

---

1 G. F. Thirlby, “The Economist’s Description of Business Behavior,” *Economica*, XIX (May 1952), 150.

变化导致了关于社会成本的理解混乱。“成本含义的这一微妙变化，即从对他（企业家）自己对舍弃的最终产品的评价转变为所选行动方案所需的货币投入，引出了另一种成本概念，即本来就有异议、后来被称为社会成本的概念。从它被视为舍弃的替代性价值这一点来看，它与上述成本的最初含义相似，[1]但是，它并不是企业家自己对自身舍弃的最终产品的评价，而是其他人（消费者）对这些产品在未被舍弃的情况下由其他企业家生产时的评价。从这一角度来看，这一概念与成本的最初含义又是不同的。”[2]这一论述，准确地概括了伦敦学派的机会成本概念与当前大多数经济学家所抱持的正统成本概念之间的区别。

米塞斯的《人的行动》

正如我前文指出的，路德维希·冯·米塞斯是哈耶克在伦敦经济学院期间详细阐述的主观主义经济学的主要思想来源之一，米塞斯的研究也同样对罗宾斯和瑟尔比产生了影响。我们已经提到过米塞斯早期关于社会主义计算可能性的作品，这里我们有必要提及他的专著《人的行动》[3]，该书的英文版于1949年出版，但其

1　这里指的就是机会成本意义上的成本概念。——译者

2　G. F. Thirlby, “Economists’ Cost Rules and Equilibrium Theory,” *Economica,* XXVII (May 1960), 150.

3　参见Ludwig von Mises, *Human Action* (New Haven:Yale University Press, 1949)。

内容是基于1940年出版的德语著作。在这本书中，米塞斯简要但又明确地讨论了成本问题，而他所提出的基本概念与在瑟尔比著作中得到最鲜明体现的伦敦学派的成本概念十分相似。一般来说，“成本等于人们对为达到意图实现的目标而必须放弃的满足所赋予的价值。”（第97页）“试图确定非市场价格的很多努力，都是建立在混乱而矛盾的真实成本概念基础之上。如果成本真是实在的，也就是说，它是独立于个人价值判断的量，且可加以客观辨识与度量，那么，由一个公正无私的仲裁者来确定其量值大小，是可能的……成本是一种价值评估现象，具体来说，成本是人们赋予给那尚未满足的、最有价值的欲望满足的价值。”（第393页）

米塞斯的成本观在他的两个美国追随者那里得到了进一步的发展。在两卷本的专著《人、经济与国家》一书中，穆瑞·罗斯巴德采用了与G. F. 瑟尔比提出的概念十分相似的主观主义成本概念。[1]也许最令人满意地将与选择相关的成本概念融入一般价格理论框架中的尝试，体现在柯兹纳的《市场理论和价格体系》一书中。[2]

---

1 参见Murray Rothbard, *Man, Economy, and the State* (New York: Van Nostrand, 1962)，尤其见Vol. I, pp. 290-308。

2 参见I. M. Kirzner, *Market Theory and the Price System* (New York: Van Nostrand, 1963)，尤其见Chapter 9。

一个传统的消亡?

在伦敦经济学院，由罗宾斯、哈耶克、科斯、瑟尔比以及其他一些学者所发展的成本概念，构成了不断发展的口述传统的一部分，它囊括了众多参与者。然而，这一传统似乎却鲜有现代追随者，也许唯一够格称为这一传统学者的只有杰克·怀斯曼。[1]在20世纪50年代发表的两篇基础性论文中，怀斯曼像此前的其他学者那样，尝试将伦敦学派机会成本的逻辑运用到边际成本定价这一长期讨论的问题中，既将这一逻辑作为组织集体主义经济的一般准则，又将其作为公共事业企业的特殊准则。[2]

怀斯曼于1963年离开伦敦经济学院去了约克大学，而瑟尔比也在1962年退休结束了他活跃的学术生涯。即便如此，毫无疑问，伦敦学派机会成本传统的学术遗产仍然存在。但是，无论是在经济理论的教学中，还是在伦敦经济学院教师的学术贡献方面，这一传统都不再对主流理论产生影响。在美国，米塞斯和他那些现代奥地利学派追随者的影响似乎处于现代主流经济理论的边缘。既来源于主观主义–奥地利学派也来源于在伦敦经济学院盛行了20多年的常识分析方法的机会成本概念，在现代经济学范式的竞争

---

1 杰克·怀斯曼（Jack Wiseman，1919—1991），英国经济学家，曾就读于伦敦经济学院，师从哈耶克、罗宾斯和科斯等，他于1949年到1963年任教于伦敦经济学院，是伦敦学派提出主观成本理论并对主观主义方法论做出重要贡献的经济学家之一。——译者

2 Jack Wiseman, “Uncertainty, Costs and Collectivist Economic Planning,” *Economica*, XX (May 1953), 118-128；以及他的另一篇论文“The Theory of Public Utility Price—An Empty Box,” *Oxford Economic Papers*, IX (February 1957), 56-74。

中争取一席之地的努力似乎也失败了。同思想史发展过程中的其他谜题一样，很难对这一现象加以解释。尽管如此，伦敦学派有关机会成本的论点并未被驳倒，而且在一定范围内无疑仍然站得住脚。本书希望通过对这两种并行的经济过程理论的方法论基础进行阐述，以促进这一传统在某种程度上得以复苏。[1]

第二章附录　沙克尔论决策

如果不提及G. L. S. 沙克尔[2]的研究，那么对伦敦学派贡献的考察就是不完整的。在一个人的思想框架内将各种知识构件进行整合，所遇到的困难在沙克尔身上得到很好的体现。在机会成本概念得以发展的那些年代，沙克尔正是伦敦经济学院的一名学生。瑟尔比在自己的好几篇论文中都表达了对沙克尔的感激之情。很显然，沙克尔对决策过程的分析与伦敦学派的机会成本学说完全一致。然而，出人意料的是，据我所知，沙克尔没有将他在决策、不确定性和时间方面极具启发性的重要著述与他那些伦敦经济学

1　本书的手稿完成之后，我才看到阿尔钦关于“成本”的文章，发表于*International Encyclopedia of the Social Sciences*, III (New York: Macmillan, 1969), pp. 404-415。

2　G. L. S. 沙克尔（George Lennox Shackle，1903—1992）：英国经济学家，20世纪30年代后期就读于伦敦经济学院并获得博士学位，1951—1969年在利物浦大学任教。作为后凯恩斯主义的先驱，沙克尔是最早坚持“真实”不确定性和时间对于经济理论的重要性的经济学家之一，著有《经济学中的预期》（1938）、《经济学中的时间》（1958）及《人类事务中的决策、秩序和时间》（1961）等。——译者

院的同僚所推进的机会成本研究建立起直接的联系。在对成本本身的一般性分析中，他又回到了正统理论中。

尽管如此，沙克尔对决策理论的贡献还是有助于对成本理论进行澄清，这里我们有必要引述他一本著作的部分内容[1]：

> 当一些可选的行动可以通过各自产生的结果集相互区分开来，且决策者可以从中进行选择时，那么每个结果集作为一个整体都是互斥的竞争对手。在每个结果集内部，每一结果也是互斥的竞争性假想。因而，这些结果并不关乎事实而只是决策者想像中的东西。它们存在于决策者的想像中，不是在某一具体行动实施之后而是在实施之前；它们存在于决策的那一刻，并构成了该行动的一部分。（前言，第ix, x页）
>
> 从字面意义上讲，决策意味着一种断裂……一种过去与未来之间的断裂（第3页）……
>
> 我们假设，在一组相互竞争的可选行动中进行的选择，是决策者基于与行动以某种形式和程度相关联的后果作出的。我们同时假定，与这种选择相关的唯一后果就是决策者的体验……出于三个相互独立的原因……它们不会是来自决策者头脑之外，也不是来自于原则上可观察的外部刺激来源；也就是说，它们不会是我们通常所说的需要由外部世界的感官

1　G. L. S. Shackle, *Decision, Order and Time in Human Affairs* (Cambridge: Cambridge University Press, 1961), pp. ix, x.

认知来干预的“实际”体验；它们也不会是“新闻”（第8页）

……结果是一些虚构物和想象。（第9页）我的观点是，这些结果——决定是基于这些结果的比较而做出的——是个体头脑中的虚构物（无论在之后的现实中是否将观察到它们的实现：就如何作出选择而言，这一点是最无关紧要的）。（第10页）

沙克尔的这些以及许多其他的论述，几乎可以原封不动地嵌入到科斯和瑟尔比对成本的讨论中去。然而，他却没能将这些相关观点整合进自己关于成本问题更为基础的讨论中，这表明建立在古典经济学基础上的预测理论与选择的逻辑理论可以在同一个经济学家的思维模式中并存，尽管这两种理论是互不相容的。

第三章
成本与选择

自经济理论的主观价值革命爆发至今，已经过去了一个世纪，但是主观价值理论与源自古典经济学的客观价值理论之间的冲突仍未得到完全调和。正如对机会成本概念发展的论述所示，经济学家并没有仔细区分预测的或科学的理论与研究经济互动的逻辑理论之间的差别。正如后续章节将说明的，这种方法论上的混乱是应用经济学中普遍存在的错误之源头。对成本问题的论述和讨论，尤其是对成本与选择关系的讨论，为我们提供了一个有用的具体框架，在其中，我们可以对更一般的方法论问题进行考察。

作为预测科学的经济学

从古典经济学源头开始，经济学就称得上是一门预测科学。这意味着，经济学包含概念上可驳倒的假说，而称职的职业科学家可以通过对这些假说的驳倒来获得终极的认知。在这一限制下，要使经济学成为一门科学，它就必须具有客观的经验内容。有些东西必须是可度量的——至少是在概念上如此——从而使得关键命题可以被证实或者证伪。当然，经济理论的基本元素仍然是人类的行动，于是其经济学的科学性存在于对环境的具体变化给人类行为带来的效应进行预测的努力中，其可操作性要求人们的行为反应是可以客观度量的。

考虑这样一个基本命题：在标准的限定条件即其他条件不变（*ceteris paribus*）的情况下，如果相对成本增加，那么相对价格也会上升。这一命题源自个人会“经济”行事的假定，即人们寻求“成本”的最小化和“利益”或“收益”的最大化。但是，从经验角度来看，这一假设是空洞的，除非对“成本”和“利益”或“收益”赋以具体的描述性内容。这里的行为假设就是经济人的假设。如果我们抛弃这一假设，预测就会变得没有说服力。

注意到这种预测理论的优点和局限是十分重要的。这一理论并没有隐含假定人们应该经济地行事。准确地说，该理论的目的被限定为在“似是”（as if）假设基础上进行预测，这一假设认为，从典型或代表性意义上来说，人们的确是经济地行事的。这一动机假设至关重要，因为它使得科学家可以使用货币成本或货币收益流这种可客观观察的量值来表示个人行为模式中对替代性选择的主观评价。正如经验所表明的，这种真正科学的经济行为理论取得了很大的成功。人类的行为确实在很大程度上是经济的，从而使诸多预测能够被证实。但是，对预测性理论根本局限的疏忽，导致将该理论应用于规范分析时产生了重大错误。

在正统的新古典市场过程模型中，行动主体按经济原则行事。就该模型接近现实的意义来说，客观观察的成本和收益流准确地体现了维度不同的、主观评价的替代选项，而个体就是在这些选项间作出实际的选择。在且只在这一相同的意义上，我们可以预测客观观察到的成本与价格之间的具体关系，并以此描述整个市场过程所趋近的均衡状态。需要特别注意的是，这些关系以及这些均衡条件本身，就是在该模型中动机假设的基础上派生出来的预测结果。例如，作为完全竞争均衡下的客观观察数值，价格与边际成本相等，就是一种推断性预测，这种预测取决于作为整个新古典理论基础的行为假设。这些相等关系并不具有规范意义，而且与配置效率也没有直接的关系。没有根据地横越真正科学理论的推断性预测与通常得出的有关效率的规范性结论之间的桥梁，或许可以最清楚地揭示现代经济学方法论的混乱状况。

这可以通过最简单的模型——亚当·斯密的鹿–海狸模型的一个变体来说明，它类似于先前我们引用的奈特论文中使用的模型。该模型变体仍然保留了之前的客观条件：猎杀一头鹿需要一天的劳动量，捕杀一只海狸则需要两天的劳动量，可客观度量的成本比率为1 ∶ 2。因此，我们可以预见到，交换价值的比率将为2 ∶ 1，而该比率可由边际成本等于价格的关系来描述。不过，我们假设，相对价格比率没有表现出所预计的向均衡移动的趋势，价格也并不倾向于与边际成本相等。只有最幼稚的福利经济学家才会从中得出“资源配置是无效率的”这样的结论。相反，他可能像奈特那样引入一种可能性：猎人通常会在其效用函数中考虑非金钱或非经济因素。由于这些非金钱或非经济因素对选择行为的影响，边际成本可能不同于简单观察到的劳动时间比率。因而，仅通过竞争性市场这一假设，该福利经济学家就得出结论说：价格与边际成本相等这一条件在他观察到的均衡中可以得到满足，尽管现实跟客观基准得出的预测存在偏差。

然而，当经济学家试图借助效用函数中的非经济因素以矫正其错误预测时，他实际上已将整个分析从预测性理论转换为非预测性的纯逻辑理论了。客观观察的成本–收益流不能代表主观评价的替代选择，而在这种主观评价中，非经济因素具有重要影响。因此，对刻画均衡状态的那些关系所作的推断性预测是错误的。如果预测的这些关系没有得到实现，那么就不会显现出潜在的“交易收益”（gains-from-trade）。因此，为确保所预测的这些关系得以实现而设计的政策调整，也不会带来福利状况的改善。

我们不能低估以上论述对现代福利经济学可能的影响。我的观点是，这一经济学分支中几乎所有的内容都建立在完全混乱的方法论基础之上。它使预测性命题转换成了用于给出政策建议的配置准则。有关这种混乱的一些更具体的实例将于后续章节讨论。

从某种意义上说，可以认为，新古典经济学家已经屈从于使其整个理论更为一般化的诱惑，而这种一般化却超出了其方法论所允许的范围。这一诱惑被与之并行且同样混乱的经济选择的逻辑理论不断加剧，而该理论本身完全做到了一般化，却没有预测性内容。在预测性含意上，选择的纯粹逻辑理论与古典理论完全不同，它来源于主观价值理论家，更为准确的说，来源于威克斯蒂德、后期的奥地利学派以及与伦敦经济学院有渊源的经济学家。这一理论的全盛表现，是前面提及的哈耶克和米塞斯所倡导的“主观主义”经济学。经济行为的真实科学理论与纯粹的选择逻辑之间的冲突，需要一定的调和。而实现这一调和，正是这项探索性研究的主要目的之一，在这项研究中，机会成本概念成为联结两者的分析工具。

预测理论中的成本

如果我们严格地在经济学的预测科学范围内考虑问题，则可以认为大多数现代经济学教科书都给成本下了恰当的定义，我们也没有必要对这些标准定义展开详细的说明。这就是我们所熟悉的教科书图表中的成本，是被最小化的、可客观识别的量值。它是将相同的资源投入品理性地再配置于其他用途（而不是所观察到的用途）所生产的替代性产品的市场价值。这一市场价值体现在资源单位的市场价格上，这样，成本就直接由潜在的货币支出来度量。

可是，这种成本对谁而言有意义呢？这是一个至关重要的问题。严格来说，刚刚我们所定义的成本，只是存在于科学家模型中机械行事的人——纯粹的经济人所面对的成本。它是被带入到纯粹机械的市场模型中的行为抑制因素（behavior-inhibiting element）。反映潜在货币支出的客观数据转化为现实世界中决策者之主观评价的过程，则不为预测理论家们所考虑。在严格的意义上，这种理论根本不是一种选择理论。个体并不作出选择；他们对所处环境发生的可客观度量的变化做出反应，而这种反应行为是可以预见的。

选择理论中的成本

前面所述的预测框架下的成本概念，与第二章中虽不完整但明确表述的更一般的选择理论中成本概念之间的区别，在这里可通过对后一概念的详细解释得到最佳强调。这一概念的核心要素是成本与选择行为之间的直接关联，而这种关联在新古典预测理论中是不存在的。相较之下，在伦敦学派–奥地利学派的概念中，成本成了任何决策的负面因素，即做出一项选择前必须加以消除的障碍。成本是决策者在作出选择时必须牺牲或放弃的东西。它体现在决策者自己对因在不同行动方案之间做选择而预计必须放弃的享受或效用的评价中。

从这一与选择密切关联的成本概念中，可以推出下列具体的含意：

1．最重要的一点是，成本必定完全由决策者来承担；它不可转嫁到或强加于他人身上。

2．成本是主观的；它存在于决策者的头脑中，而不是其他地方。

3. 成本建立在预期的基础之上；它必然是一个向前看的或者事前的概念。

4. 成本永远不会变成现实，因为选择本身就意味着这样的事实：放弃了的东西是无法享受的。

5. 成本不能由决策者之外的其他人度量，因为主观经验无法被直接观察到。

6. 最后，在时间维度上，成本定位于作出决策或选择的那一刻。

在选择理论中，成本必定是以效用维度来计算的。然而，在正统的预测理论中，成本是以商品维度来计算的。这种差别适用于上面列出的六个属性中的任何一个。在选择理论中，成本代表因牺牲一个被放弃的替代性选择而带来的预期效用损失。由于效用函数必定是个人的，因此成本与选择者直接相关，不能独立于选择者而存在。而在经济行为的预测理论中，生产一种“物品”的成本，是本可以生产出的另一种物品的量。这样，成本就独立于选择过程而存在，而且，在选择行为与承担成本之间不存在任何直接的关联。

于是，在任一种选择理论中，成本都是纯粹主观的，而在任何涉及真实预测的理论中，成本都是客观的。如果成本会影响选择，那它一定是以预期为基础的；它不能建立在已有经验的基础上，至少是不能直接建立在该基础上。另一方面，一旦成本与选择相分离，那它就成了一个实体概念（physical concept）；无论成本的度量是发生在实际行为之前、行为之中还是行为之后，它都与选择无关。在斯密的模型中，一只海狸的成本是两头鹿，只要这种假设的实物关系还成立，这一交换比率就会一直成立；在这种情形下，对此区分事前和事后的度量是没有意义的。由于从商品维度的生产函数中推导出的成本具有技术或实物属性，因而外部观察者可以对行为人所面临选项的成本加以度量。在斯密的模型中，外部观察者没有必要对狩猎者的心理加以分析，而且在预测理论所隐含的客观成本定义中，也不会出现关于成本发生的时间定位问题。另一方面，在任何真实选择的理论中，都必须对成本发生的时间加以准确界定，因为成本与作出那一选择的瞬间相联系。在作出选择前，成本是作为一种主观体验而存在，而在作出选择之后，这一意义上的成本就消失了。当然，对选择主体而言，在他作出选择之后会发生什么，仍然需要加以考虑。

影响选择的成本和选择影响的成本

上述所列成本的六个属性适用于任何一个具体的选择。如果成本在影响那个选择上起到作用，那么就必须由上述这些属性来定义。然而，我们也必须认识到，凡选择必有其后果：作为决策的结果，确实会有某些事情会发生。在个体选定某个行动方案而舍弃其他行动方案，且对该方案所包含的成本做出一些理性预估之后，他就要“承担”其后果。他可能对先前作出的选择不会感到后悔，但与此同时，当他不得不减少其效用水平时，就可能要经受某种“痛苦”或者“牺牲”。无论他所作出的选择是对是错，都与这种选择影响的“成本”的存在没有直接关联。

正是这种作为选择结果的“成本”，在预测理论中的成本和选择逻辑中的成本之间造成了部分的混淆。这种发生在选择之后的“成本”，正是经济学家在黑板描绘成本曲线时所讨论的成本，也是会计工作者所关注的成本。我们有必要对这种选择影响的“成本”进行更为全面的考察。

在这里，如果我们改变语言使用原则以容纳正统经济理论对成本的用法，那么似乎允许在任何选择理论中以两种完全不同的含义来使用“成本”这一词汇，而在经济行为的预测理论中继续使用其单一用法，似乎是最恰当的。这样，在选择理论中并以效用维度来定义，我们就同时有“影响选择的成本”（choice-influencing cost）和“选择影响的成本”（choice-influenced cost）这两个概念，而在预测理论中，我们则有严格界定在商品维度的“客观成本”概念。现在让我们忽略预测科学的客观成本而集中在影响选择的成本和选择影响的成本。每个选择都牵涉到这两方面的成本。首先，选择面临着真正的障碍，即机会成本，对第二章总结过其贡献的那些经济学家的思想来说，这种成本至关重要；其次，一旦作出选择，总会导致效用的损失，无论这种损失是由选择者还是由第三方来承受，也无论是否有诸如货币支出这样的替代物可以对这些效用损失进行客观度量。这些损失是决策的结果，而永远不会是决策的原因。在第一种情形下，成本会抑制选择；在第二种情形下，成本是选择的结果。我们可以结合一些熟悉但究竟还是具有误导性的概念区分来详细讨论这些成本概念。

机会成本和真实成本

严格地说，只有影响选择的成本才体现了对所牺牲的“机会”的价值评估。因此，将机会成本这一术语限制在这一概念上，并构造其他描述性称呼来指代选择逻辑中选择影响的成本以及预测理论中的客观成本，也许是合理的。然而，在更为一般的意义上，这三个概念中的任何一个都可以用机会成本的术语来处理。在正统价格理论的成本概念中，成本是以货币支出来客观度量的，出于解释性目的，使这些货币支出等于社会成员为相同支出用于不同用途时本可能生产的替代性最终产品赋予的价值，是有帮助的。因此，在不那么准确的意义上说，这里的成本的确反映了“丧失的机会”。但是，值得指出的是，这种情形下“丧失的机会”只是更准确地反映了由他人而非由选择者自己判断的潜在替代性选择的价值。

“丧失的机会”这一概念同样也可以应用于选择的结果，或受选择影响的成本。在这里，这一概念是与选择密切关联的，而且，从已经做出决策的角度来看，这些机会体现了“本可能发生”的那些东西。有了这种后见之明（hindsight），决策后对选择的看法就会不同于决策前对它们的看法。在作出选择前或影响选择的情境下，丧失的机会是那些“可能发生”的机会，它们是决策者在选择之际所考虑和评价的，也体现了他当时对预计要发生的效用损失的预期评价。相比之下，在作出选择后或选择影响的情境下，丧失的机会是“本可能享用”的机会，体现为决策者体验到的效用损失或牺牲。在影响选择的成本和选择影响的成本所涉及的效用损失之间，存在着心理上的重要差异。在选择发生时，成本是选择者对一旦实施了该选择就必须放弃的预期享受的价值评估，也是他选择另一选项就可以避免的损失。在这种情形下，成本必定并且会持续表现为纯粹的心理事件。只是在选择者的效用在函数上取决于决策后的期望效用这一意义上，选择者的效用才会减少。在作出选择后，成本仍然可以体现对所牺牲享受的价值评估，并且它仍然是一种心理事件，但它不仅限于此。在那些本该可以避免的体验中，可能会存在以某种生理形式表现的、不得不经受的痛苦、折磨或被剥夺的感受。例如，在作出赊购决定后，购买者必须在账单到期时支付他的账单。尽管在作出选择之时他或许对该成本具有理性的预期，但是他仍然会因必须支付账单而经受痛苦。这种对选择带来的负面效应的纯粹生理反应，会进入他对本来可选的替代选择的主观评价中。因此，从一定意义上说，成本的性质在影响选择的情境下和选择影响的情境下是不同的，尽管它们都是以效用的维度来表现的。

只要我们在影响选择的[1]或选择影响的意义上研究成本，也就是说，只要我们仍然在选择理论的框架下，我们就比新古典成本概念更接近古典的真实成本概念。无论是作为选择的障碍还是选择带来的不合意结果，成本都体现了效用损失。与此形成鲜明对照的是，当成本与选择过程相分离时，正如在新古典预测框架下那样，就不会有什么关于成本的"真实"内容，痛苦、折磨或效用损失都不包括在内。这一点似乎也是奈特区分机会成本和真实成本概念的基础，使得他认为："……所有有关'牺牲'的内容，都（应该）完全忽略掉。"[2]

沉没成本的主观性

我在任何选择逻辑中都把成本称为主观的，而在任何预测科学中则把成本称为客观的。在另一本论文集的初步讨论中，[3]我曾模棱两可地使用了主观–客观的术语，因为在当时我没能区分成本在这些相关却十分不同的背景下的不同维度。在经济学的预测模

1 此处原文是"cost-influencing"，疑为作者笔误，从上下文看，此处应为"choice-influencing"。——译者

2 F. H. Knight, "A Suggestion for Simplifying the Statement of the General Theory of Price," *Journal of Political Economy*, XXXVI (June 1928), 355.

3 参见拙文"Public Debt, Cost Theory, and the Fiscal Illusion," in *Public Debt and Future Generations*, James M. Ferguson (ed.) (Chapel Hill: University of North Carolina Press, 1964), pp.150-162。

型中，成本必然是客观的。然而，如果成本被引入到选择逻辑中，那么它显然是主观的。这一点是先前我们提及其著作的一些伦敦学派学者尤其是瑟尔比所反复强调的。

选择之后果，决策之结果，都是作为主观评价的事物进入个人体验中的，尽管如先前指出的，决策也可能会产生生理上的负面影响。如果某项决策得以实施且产生某些后果，这些结果就会影响个人的效用——这完全独立于“这些事件不可避免”这一事实。即使从总体上说，决策本身都是充分理性的，作为先前决策的结果，决策者个人也会遭受效用损失。无论选择者是因“原本该如何”而后悔还是因“现在竟如此”而痛苦，这种损失都是一种主观事件。严格地说，只有这种选择导致的主观成本（subjective choice-determined cost）与经济学家的“沉没成本”概念或杰文斯所说的“逝去之物”（bygones）完全契合。既然已经作出选择，这种成本就与选择无关，尽管这种体验可能会改变人们对未来的替代选择的预期。

从这种选择影响的角度来说，成本与选择之间有一种事后的关联，但是与选择者或决策者个人不一定有具体的关联。这是一种重要的区分，它也对制造一般成本理论的混乱负有责任。正如我们前面提到影响选择的成本的第一个属性时指出的，如果选择确实受成本的影响，那么机会成本就一定是由决策者自身来承担的。事实上，在这种情况下，成本也只能由作出选择的人来承担，否则它的整个概念就会变得毫无意义。与之相对照，选择的后果——作为一项决策的结果而遭受的效用损失——则不一定仅由选择者来承担。因为这些后果总是发生在选择之后，一旦选择的结果得以发生，作出选择的人自己就可能不是结果承担者。然而，即便忽略这种情况，作出决策的人与承担相应效用损失的一人或多人之间，仍然没有正式的联系。那些“承受负担”的人——即使承受这种负担是一种主观体验——也不一定是那些承受“选择之痛苦”的人。

成本与均衡

在非效用维度的客观数据给定的情形下，新古典经济学对市场互动过程中由参与者的行为形成的均衡关系之特征作出预测。那么，在何种程度上，对均衡的强调可以使这两种成本概念——预测科学的客观成本与选择逻辑的纯粹主观成本——得到某种调和？是否只有在完全均衡的条件下，可客观度量的支出才能反映放弃的机会？

如果整个经济不是在完全竞争的均衡中运行，那么就会出现赢利或亏损的现象，这样，观察到的支出就不能用来反映一般情形下实际决策者所放弃的机会。另一方面，在完全均衡中，观察到的支出直接体现了资源在不同用途中的最大贡献。所以，从决策者经济地行事这一角度来说，观察到的支出体现了真实的“机会成本”，即便在某种程度上只是间接的体现。然而，这种表面上的调和近乎一种同义语反复，因为就与成本相关的经济理论而言，其全部目的就是说明在非均衡条件下作出的选择将如何产生趋近于均衡的变化。非均衡条件下的选择，必然会受到机会成本的影响，而即便是间接的，机会成本也不能由可度量的支出来体现。在非均衡条件下，作出“错误”决策的机会成本，必然包含因摒弃其他行动方案而放弃的利润。

在这里，边际主义也只能提供有限的帮助。如果个人经济地行事，如果在整个经济体系中的**其他地方**都不存在利润机会，如果个人能够也必须在边际上作出所有决策，那么正统理论中推导出的边际成本可以用来表示一个产出决策的真实“机会成本”。这意味着所有的选择都是在短期计划情境下的均衡中作出的，而在这种均衡中，企业内部的产出决策在概念上是与经济中的其他部分相分离的。然而，如果要将度量到的边际成本作为实际进入个人选择计算的主观因素的客观反映，上述所有限制性条件就都必须得到满足。

反之，如果个人在决策中引入非金钱或非经济因素的考虑，如果除了所讨论的活动之外的经济体系其他地方存在可以获得的利润，如果可以进行离散的而非边际的调整，那么，客观度量的边际支出就不是真实机会成本的确切表达，因为这些“如果”可能代表对选择行为的抑制，而选择行为本身是难以进行客观度量的。

无论长期均衡还是短期均衡，客观度量的成本对一种选择理论（theory of choice）的意义，与不确定性的存在与否之间必然有着密切的关联。在面临不确定性时，实际决策者对可选项的价值评估可能会不同于任一外部观察者的价值评估，即便各种限制性条件都得到满足，也是如此。这时，不论是哪一种关于选择的理论，成本内在的主观性都会再次呈现出来。

到目前为止的这一节内容中，所引入的均衡概念实际上是新古典预测理论的均衡概念。这意味着，均衡是以非效用维度中客观定义的变量间关系来进行描述的。在这种均衡下，价格与成本之间必定具有某种具体关系。如果我们满足于继续在更为一般但根本上是非预测性的、纯逻辑的经济选择理论框架内来讨论问题，那么均衡的概念就可能会被修正。在哈耶克所倡导的“主观主义经济学”中，均衡是从行为层面来描述的。在经济互动的过程中，当参与者的计划相互得到满足时，这种均衡就会实现。虽然在这一均衡中，价格仍然与成本具有某种关系，但是这种成本不具有任何客观含义，因而也不能在福利或效率意义上用作确定价格的准则。

第四章
公共物品的成本

经济学的预测科学假定人们“经济地”行事。他们为了实现客观上可识别的“成本”最小化而如此行事。奇怪的是，经济学家却倒转过来了，将这个已被证明有助于导出实证性预测的行为假设当作选择理论的规范准则。无论是在应用经济学还是经济政策理论抑或福利经济学中，我们都可随处发现以具体的“成本”和“价格”关系来定义的准则，而这种“成本”和“价格”关系包含在概念上可客观度量的量值。虽然可能他们自己都没有意识到，但实际上，应用经济学家和福利理论家都将“经济人”（Homo economicus）的行为作为价值评判标准。在他们热忱地将经济理论运用于对实际选择而非制度影响的分析时，都暗含着这样的建议：无论决策者是单个人还是作为一个整体，都应该使可客观度量的支出最小化。这是一种根本性的错误，而且这种错误从国民收入估算蔓延到国防经济学领域。[1]

此处我们只能详细讨论对成本理论诸多误用的若干例子，但也许这些就足以表明我所强调过的方法论差异的重要性。我将把讨论限制在三个不同的领域，当然这么做可能略显武断。在这一章中，我将考察当“成本”概念运用于公共或集体物品时，可能出现的各种问题。接着，我将讨论庇古福利经济学和非市场决策中出现的一些困难。

税负归宿理论

税负归宿理论（theory of tax incidence）吸引了新古典公共财政理论家很大一部分注意力，尤其是在使用英语的学者中。浏览此类文献，就可发现税负归宿理论的目标主要是回答如下问题：是谁在为公共物品或服务付费？在特定的税收工具下，谁是税收支出负担的最终承担者？“成本”或“负担”的分配在不同的税收下有怎样的不同？

“成本”或“负担”这两个词几乎是交替使用的。对这些量值的客观性预设，或多或少被视为是理所当然的。毕竟，国库里积聚的收入是可以计数的。有人必须承担这种“成本”；有人必须放

1　对国民产出度量的批评性讨论，参见S. H. Frankel, *The Economic Impact on Under-Developed Societies* (Cambridge:Harvard University Press, 1953)，尤其是该书第三章。其讨论的基础与此处的分析虽有很大的不同，但还是有一定关联。

弃对购买力的支配，而购买力则代表着实际的资源。特定的税收会带来超过实际税收收入的“超额负担”，但是这些同样是可加以客观计算的，至少在概念上如此。人们很少甚至完全没有注意到，作为公共物品成本的税收和在选择公共物品的决策中发挥作用的税收之间，可能存在什么关系。

税收转嫁和税负归宿的分析，考察的是个人和企业的选择行为，但这并非那些涉及公共物品筹资方式或者不同征税方式选择的行为。这类分析存在这样的假定：当**私人**或**市场**的可选方式受到强加的改变时，个人或企业的行为会受到影响。这样，在影响选择的意义上，税收会影响成本；事实上，若非如此，税负归宿理论便会成为空中楼阁。考虑一下常见的基准情形——定额税（lump-sum tax）。在这一情形下，不存在税收转嫁，税负归宿也是确定的。但是，毫无疑问，这里存在由个人承担的公共物品的某种“成本”，而且这种“选择”是必须作出的。可以将这一情形与消费税（如酒的消费税）进行比较。在消费税的情形下，如果卖方将税收转嫁出去，就会改变潜在买方所面临的选择，因为购买酒的“成本”提高了。正是在这种场合，预测理论或实证理论显示出其最大的优势。由于所消费的对象和货币在个人效用函数中都可以看作是“物品”，而且在纳税前，个人对于所有“物品”的购买比率可以看作是处于均衡中的，那么，由税收引起的价格上涨所体现的可客观度量的成本上升，可以看作代表了主观成本的提高，而正是这种主观成本的提高抑制了消费者对已税商品的选择。然而，将税收引起的消费品价格上涨——即它对买方带来的

“成本”增加——与完全不同的、以某种方式由税收收入代表的公共物品的“成本”相联系，则是错误的。这会将我们拉回到最初的问题，即税负归宿理论果真如一直以来人们认为的那样，是为了确定公共物品的成本分摊吗？正统的税收转嫁和税负归宿分析所关注的，几乎完全是私人生产、投资和消费活动中由税收引致的成本变化，以及这种变化对行为影响的预测。

如果这种分析不能提供有关公共物品成本问题的任何信息，那么其价值何在？如果经济学家确信能计算出税收的所有效应，那么他亦能按照预设的平等或效率标准对各类税收进行排序。在这一任务中，经济学家将自己的角色设想为向决策者提供建议的人，从而间接地影响决策者对税收工具的选择。如果不是认识到成本可客观度量的假设有时会推导出一些怪诞的结论，经济学家的上述角色和作用似乎是简单明了的。譬如，在评估征税的后果或预期后果时，经济学家是在试图确定诸如商品价格、数量和就业水平等经验描述性变量数值的可度量的变化？或者他是否在试图确定个人对这些变化的价值评估？

考虑一个简单的例子。假设酒的税前价格是10美元一瓶，且由观察可知，某人一年消费10瓶酒，总支出为100美元。如果对每瓶酒征收1美元的从量消费税；观察到的零售价格涨了征收的这1美元，即涨到11美元；此时，此人对酒的年消费下降到9瓶，总支出变为99美元。假定在相应值域内，该消费者的需求曲线是线性的，经济学家由此可以计算出税收“负担”是9.50美元，其中9美元流入国库，50美分则成为“超额负担”。基于类似的理由，经济学家会假定此消费者“偏好”一种只需他支付9美元的定额税。因此，根据“福利”准则，经济学家认为由定额税代替消费税是可取的。[1]为得到这个结论，经济学家必须假设纳税人仅关心税后自身处境的变化，同时假设不同税收工具对纳税人来说是无差异的。但是很显然，存在很多原因使纳税人可能不会像应用福利经济学家那样来评估各种可选的税收方式。首先，由于消费税容许纳税人有更大范围的个人选择，因此他们可能宁愿承受由消费税带来的更高的可度量成本。这种选择自由的优点很可能会超过税收带来的超额负担。其次，纳税人可能会出于节制消费的原因而更愿意接受酒类的消费税，即便他知道自己还是要承担超额负担。税收所引起的他人对酒类消费的减少，可能足以改变这种税收在其偏好排序中的相对位置。[2]

即使在排列税收方式的次序时，应用经济学家对无论如何都可能参与财政选择的纳税人的评估不感兴趣，而转而依赖于来自外部的“社会福利函数”，上述提及的困难也不会消失。如果来自正统税收转嫁分析的可客观度量的“成本”，与消费者自身的反应和评估没有某种关联，经济学家就很难将这种“成本”作为对税收工具进行排序的准则。

1　此处我没关注对该命题的各种证明，这些证明都来源于某种版本的次优限制理论。即便所有福利条件在经济体系的其他各处都得到完全满足，我的批评依然成立。

2　在早前的一本著作中，我曾试图将不同财政工具在财政过程中的影响与个人行为相联系。参见拙著《民主财政论》（*Public Finance in Democratic Process*）。也可参见：Charles Goetz, “Tax Preferences in a Collective Decision-Making Context” (Unpublished Ph.D. dissertation, Alderman Library, University of Virginia, 1964)。

成本与财政决策：民主模型

在真实的机会成本或影响选择的意义上，公共物品的“成本”到底意指什么？这个问题本身就将成本与选择直接联系起来，并且直接要求对选择的主体加以认定。这样，也不可避免地要将政治决策结构与公共财政联系起来。通常认为，在为各种税收工具选择提供更充分的信息方面，传统的税负归宿理论是有用的；但是，如果不对选择主体加以确认，就无法对这些选择进行讨论。谁来作出决策？这一问题的答案取决于作出政治决策的方式。这一点是显而易见的，但往往被忽视的是，在诸多不同的决策结构下，成本会呈现出很大的差异。

我们首先来看一个简化的集体选择模型，这一模型可追溯至德维蒂·德马尔科[1]。在这个模型中，作出财政决策的个人既是公共物品的潜在受益者，又是潜在的纳税人。在不同的学者那里，这个模型有着诸如“个人主义模型”“合作模型”和“民主模型”的不同称谓。该模型有一个很大的优点，即模型中的选择非常类似于个人在其市场行为中作出的选择。为了获取公共物品的利益，他选择向自己征税。在作出选择时，个人放弃了什么？在作出选择时，个人放弃了避免实际税收支出的可能性；因此，他也放弃了以这笔预期支出可能购得的物品为他带来的享受。经济主体为

1　德维蒂·德马尔科（Antonio de Viti de Marco，1858—1943），意大利经济学家，是意大利公共财政学派的早期代表人物之一，代表作有《公共财政的首要原则》，对布坎南的公共选择理论影响极大。——译者

这些替代物品所赋予的主观价值，便是相应的影响选择的成本。这似乎是非常明显的，但是，尽管可以准确预估到实际的货币支出，我们是否有任何理由认为这种货币支出就体现了个人决策的主观障碍呢？

正如早前的分析所表明的，要使这种预期支出能度量主观成本，即使是间接的度量，就必须假定整个经济体系的其他地方包括公共部门，都不存在利润机会。但是这里还必须认清另一个复杂问题，这个问题之前虽已提及但未详加讨论：集体物品并不是由单个人购买的，每个人都不能将购买量调整至自己合意的数量，所有人都必须接受相同的产出；财政决策的税收方面充其量只是一个向量，构成这一向量的是集体中每个成员所支付的税额。我们再来看看参与这种“民主”财政选择的个人的决策计算过程。他“投票赞成”一种公共物品的支出，这种公共物品由集体中的所有成员共享。那么，影响这一选择的“成本”是什么？什么又是他真正放弃的替代选择？个人可以通过反对提议的预算支出来避免支付税收，而在经济体系的其他地方不存在利润机会这一严格限制性假设下，该预期支出至少可以间接反映一部分成本。然而，通过反对这样的预算提案，个人也可避免或试图避免这一集体决策的所有其他后果。从成本方面来看，这些预期的其他后果是由其他人而不是我们此处讨论的做选择的这个人所支付的税收。如果他对自己所放弃的、其他人可用这些支出购买的享受有正面的评价，那么这里也会存在某种成本。只有在其他人“痛苦”的减轻对决策个体来说毫无价值这样的极端情形下，影响选择的成本，作为该个体同意某个公共物品决策的障碍，才能以他自己在税收支付中的预期份额来衡量。

如果这适用于集体选择中的一个参与者，那么它必然也适用于集体中的所有成员。因此，以货币计的预期税收支付总额，可能是作为所考虑预算支出的“社会”成本的非常不精确的估计值。对于个体，进而对于某种加总意义上的所有参与者而言，影响选择的成本，可能会远远超过将个人份额简单相加得到的估计值。

这并非意味着集体决策问题只限于成本方面。出于完全相同的原因，该个体会推断，提议的公共物品支出的潜在收益，不仅包括他预期自己个人将会获得的部分，而且包括他推断的该公共物品给其他人带来的预期收益流量的价值，因为他们共享了这一集体消费物品。正如成本方面一样，将公共物品给为费者分别带来的收益进行简单加总，以这种方式来计算公共物品的预期总收益，也是极其错误的。

以上观点表明，旨在为拟议项目的真实“社会”成本和收益提供某些度量方式的现代成本–收益分析，其实用性是有限的。所度量的预期成本将等于预期收益的假设，意味着这一群体处于一个无差异边际上，在这一点，集体或“社会”选择支持还是反对该项目是无差异的。然而，正如我们已经论证的，即使抛开目前根本未提及的重要的分配问题，也没有最起码的理由可以支持这一推论。即便拟议的税收平均地分摊在每个人身上，且拟议中的公共物品收益也均等地为每个人分享，那也不能认为所度量的单一成本-收益比率必然会使集体选择处于无差异点上。

成本与财政决策：独裁模型

公共物品的影响选择的成本会随着集体中有效决策权的安排不同而有差异。即使是在决策者身兼潜在纳税人和公共物品潜在受益者（作为“代表”的意义上）的最朴素的民主模型中，真实的机会成本也必然会包含个人对于其他人所放弃的享受的评价。集体决策这一事实要求这一点。很明显，当引入更为复杂的决策模型时，成本的非个人成分就会变得更为重要。为说明这一点，我们可以将注意力转向政治谱系中非民主的极端情形，考察一下独裁主义的决策结构。

假设集体的所有决策都由拥有专制权力的某个人来作出。若我们将分析限定在公共财政领域，那么在这种制度环境下，什么是影响选择的成本？又是什么构成了独裁者为了某项特定的政府支出筹资而征税所遇到的障碍？根据限定条件可知，独裁者个人不承担即将要征收的税额的任何份额。因此，可由不征税的决策加以避免的“成本”，完全体现为独裁者在不征税的情形下对其他人（而非他本人）本可获得的享受的评价。在这样的决策情境下，用预期的支出或支付来间接代表影响选择的成本，就几乎没有任何意义。正如上文所提及的，即使在最简单的民主模型中，成本-收益分析对公共物品的成本和收益的估计也可能是极其不准确的，因为这种做法忽略了成本和收益的整体性。然而，这种分析的结果在民主模型中并非一无是处。相较之下，将这种正统成本-收益分析方法运用于独裁主义模型中，则会显得很荒唐，因为做出决策的人自身无需承担所度量的预期支出的任何部分。

成本与财政决策：混合模型

在真实世界的政治环境中，集体决策是通过一个制度化的过程来做出的，这种制度化过程通常体现出纯粹民主和纯粹独裁模型的某种混合。绝大多数的个体都直接或间接地参与到集体决策的形成过程中，但其中一些人的参与程度则要比其他人更高。这就是说，具体的个人或集体对于决策的影响程度有着很大的差异。在这种环境下，影响个体参与者的选择计算的成本，首先取决于预期支出中他自己个人的或私人的份额，以及他以自身所放弃的享受来衡量的对这项支出的评价。此外，他必定会对他所认为的征税过程中其他人所放弃的享受作出评价。只有当集体决策过程中的每一个参与者对所有其他人放弃的享受的评价等于他对自身放弃的效用的评价时，预期税收支付的分配对于影响或改变决策的“成本”来说才是无差异的。如果每个人，不管其对集体决策的权力是大是小，对其他每个人预期支付税款的主观评价都等于他对自身支付税款的评价，那么，在这一情形下，无论是决策权力的分配还是税收份额的分布，都不会改变构成选择障碍的成本。只有在这种限定情形下，正统的成本–收益分析的度量结果，才可能较准确地体现影响选择的成本和收益。然而，光是这一模型的条件要求，就足以表明正统的成本–收益分析是何等荒唐。[1]

成本–收益估计方法的辩护者可能作此回应：集体决策，无论怎样作出，也无论由谁作出，都应该通过估计值来对项目进行成本和收益的比较，并以这种比较结果来加以指导。这种观点认为，成本–收益分析的目的，不是在影响选择情境下确定真实的机会成本，而是为选择定下规则。但是，凭什么认为客观度量的成本能够合理地反映“社会成本”这一术语的含义呢？在任何试图推出规范判断的讨论中，都必须考虑到个人的评价，但由于上文论及的一些原因，这些评价与度量到的支出却没有什么直接的关系，而这些原因中最重要的，当然是有关税收份额分布和决策权力的分配问题。

对此，正统分析的辩护者可能会拒绝承认对可客观度量的成本和收益流的估算过程中所隐含的局限性。他可能会提出，在预期成本和收益中，将替代选择中主观评价但客观上难以度量的特点以估算的形式考虑进去。然而，这样做的结果是，整个分析就发生了微妙的转换，从一个能在职业经济学家间达成默契的分析

1　有趣的是，一些老练的成本–收益专家认识到了税收份额（或收益分额）分布的意义，但与此同时，他们并未认识到决策权力分配的意义。对决策权力分配效应的忽视，当然是源自那种认为“成本”以可客观量化的量值形式存在、与选择过程无关的范式。在那些考察过成本–收益分析方法论的应用福利经济学家中，似乎只有罗兰 · 麦凯恩（Roland N. McKean）才注意到了这一问题的存在，具体参见其论文："The Use of Shadow Prices," in Samuel B. Chase, Jr. (ed.), *Problems in Public Expenditure Analysis* (Washington, D.C.: Brookings Institution, 1968), pp. 33-65。对于税收和收益份额分布的重要性的明确讨论，参见 Burton A. Weisbrod, "Income Redistribution Effects and Benefit-Cost Analysis," pp. 177-208，同引自上述论文集。

转向了一个纯粹主观的分析，而这种分析的主观性是对那些提出规范性建议的经济学家而言而非对实际的决策者而言的。成本–收益分析专家不能兼顾主观和客观两个方面。如果经济学家不将自己的分析严格限定在可观察的客观量值上，他就不能声称其估计值具有“科学”的精确性。然而，一旦他这样做了，他就不能说其估计值反映了作为“社会”选择基础的合理标准。

项目之间的选择

迄今为止，我们的注意力集中在为某个具体政府项目筹资而可能采取的某个征税决策的成本方面。这种具体选择涉及的成本与考虑不同选择时所产生的成本有着很大的不同。这方面的例子之一便是在众多公共工程间选择一个的情形。这里，影响选择的成本便与征税决策所涉及的成本截然不同。对每一个具体的决策来说，都存在着一种独有的机会成本，而这取决于该项决策的具体特征。

经济学家经常指出，在大规模失业期间实施的公共工程，其真实机会成本是不存在的。然而，在界定这一结论的准确含义以及考察所讨论的决策的具体细节时，一定要多加小心。我们首先来考虑这样一个决策，在经济严重萧条时期是否增发货币以便为新的私人或公共支出融资。在这一情形下，可选的替代方案有：其一，对总需求不足的状况撒手不管；其二，通过税收或公共借贷为新支出筹资。根据假定，既然存在闲置资源，那么，发行新的货币就不会产生通货膨胀的压力。对于具备充分信息的决策者来说，从他或其他人要放弃的享受的意义上讲，并不存在什么“真实成本”。即便该决策的另两个替代方案能带来相同的收益流，但由于它们都会引起此类真实成本，因此决策者将倾向于选择增发货币。对增发货币这一选择来说，可以认为它不存在或不应该存在成本障碍。然而，如果选择将税收作为筹资方式，那么即使存在闲置资源，这一选择也必然会有成本。一旦确定了以征税这种方式来筹资，那么用于税收支出的款项的其他用途就被决策者和其他人放弃了，而这些被放弃的替代选项必须在选择之时就加以评估。就算失业的存在可能使得这些影响选择的成本低于新支出所带来的影响选择的收益，我们还是不能否认“真实成本”的存在。

筹资选择问题必须与支出选择问题严格区分；前者涉及增发货币或用其他手段为新支出筹资的决策，而后者是指在不同项目中作出选择。对于后者，首先面对的是将资金用于扩张私人部门还是公共部门支出的选择。选择公共部门项目所涉及的机会成本，体现为所放弃的将该笔资金用于扩大私人部门支出本可带来的享受。一旦选择了公共部门项目，决策者就会面临另一个选择，而这一选择也会涉及影响选择的成本——决策的一种障碍。如果增发了货币且已作出将资金用于扩大公共部门支出的决策，就必然会面临如何将资金用于不同的公共项目的选择。建造新邮政大楼的影响选择的成本，是决策者对本可用同一笔资金建造的新学校所赋予的主观价值。“从所牺牲的替代选择角度来看，20世纪30年代建造的邮局几乎没有什么成本”，这一耳熟能详的论断具有误导性。对于决策者来说，这些项目确实存在着真实的机会成本，这种成本体现为（决策者）对未曾实施的公共或私人项目的期望价值。若以所放弃的替代选择而论，在20世纪30年代的条件下，增发货币方法确实算得上是一种成本低廉的选择。

通过债务筹资的公共物品的成本

有关成本理论的基本混乱，没有什么地方比在有关公债归宿（public-debt incidence）的激烈讨论中更显而易见的了。事实上，正是通过参与有关债务负担的现代争论，以及后来试图将自己的观点与那些受人尊重的经济学家同行们的观点相调和的努力，我才将自己的注意力转向了成本理论。[1]债务负担的问题，一方面说明了对影响选择的成本与选择影响的成本加以区分的必要性，另一方面也说明了直接将成本与选择相联系的必要性。

我们首先来看看1958年之前那些资深经济学家普遍持有的观点。当时的观点认为，通过债务筹资的公共物品的“实际负担”，即真实的机会成本，必定是在资源的实际使用过程中为人们所承

1　在早期的著作中，我的成本观念是混乱的；参见拙著：*Public Principles of Public Debt* (Homewood, Ill.: Richard D. Irwin, 1958)。在随后对批评者的回应中，我将债务理论的差异追溯至成本理论中的混乱。我对此问题的贡献，连同其他一些论文，可参见James M. Ferguson (ed.), *Public Debt and Future Generations* (Chapel Hill: University of North Carolina Press, 1964)。

担的。例如，在第二次世界大战期间发行的公债中，用于制枪炮的钢铁消耗发生在1943年，而不是在之后的某个时期。那种认为公共债务负担被“转嫁给后代”的看法简直是胡说八道，违背了最基本的机会成本推理。

正统的机会成本推理，以可客观量化的实际资源来度量成本，并在关注成本时不考虑决策的具体细节，可以非常合乎逻辑地推导出这样的观点。但是，到了1969年，似乎很难再坚持这种观点了（尽管在相对简单的教课书讨论中，一再延续这种观点）。在通过债务筹资的情形下，是谁放弃了对用于公共用途的实际资源的支配权？很明显，是从财政部购买债务工具的那些人。这些债公债买者根本不关心发行公债的决策，他们仅仅是在购买公债还是购买私人投资品或消费品之间进行选择。公债购买者当然没有参与到这种财政决策中。因此，我们就不能说是这些人承担了通过发行债务筹资的公共物品的“成本”。公共物品真正的成本是一种可以影响财政决策的成本，而为了确定这种成本，我们必须对其他备选的财政方案进行考察。在没有发行公债因而也不提供公共物品的情况下，我们所避免的是什么？

如果没有发行公债，也没有在市场上出售公债，那么决策者同集体中的其他人一道，可以避免必须在将来支付利息和偿还本金。通过影响备选财政方案之间的决策，公债发行的成本必然会体现在决策者对随后发生的支出的主观评价上。在影响选择的意义上，这些成本集中发生于作出选择的那一刻而非随后产生实际支出的时期。但是，影响选择的、主观的成本之所以会存在，仅仅是因为决策者意识到未来阶段的支出是必然的。影响选择的成本集中在决策的那一刻，是出于有决策被作出这一简单事实；这种成本与资源在公债发行后的初始阶段被耗费这一事实没有任何关系，而且也不受它的影响。

对债务筹资的公共项目来说，选择影响的成本，即作为选择结果的效用损失，完全产生于决策之后的时期里。这些也可由货币度量的实际支出，可能会减少那些未亲身参与决策的人的效用。在一定意义上，债务的这种负担总是一种无谓损失（deadweight），它发生的时间点也与公共项目产生收益的时期没有任何关系。

一些对现代公债理论作出贡献的经济学家也承认，相比税收筹资，发行公债的确会给后代人带来更多的负担。然而，他们之所以得出这一结论，是因为他们认为，相比税收筹资，通过债务筹资会更大程度地减少私人资本积累。因此，在当前公共债务筹资的情形下，“未来几代人”所继承的资本存量将会比为获得相同支出而采用税收筹资时的更少。这一论述思路同样建立在未能将成本与选择相联系的错误基础上，而这可追溯至维克瑞（William

Vickrey）和莫迪利安尼（Franco Modigliani）。[1]私人资本积累是否因债务筹资而相对减少，与债务负担在决策之后的时期如何分布是不相关的。即使购买债券的资金全都从当前消费中抽取，发行债务的主观成本仍然存在，这种成本来自决策者对于自身及他人在未来因需要支付利息和偿还本金而必须放弃的享受的价值评估。当然，潜在的公债购买者的决策与私人资本积累率密切相关，但它与潜在的公债出售者的决策却并非同一个决策。若公债购买者从其私人投资中抽取资金，那么他的确为其后代在将来带来了“负担”，而一旦他认识到这一点，这便成为他作出选择的障碍。若他从当前消费中抽取资金，则没有此类负担。但是，这里需要强调的是，公债购买者的选择不同于公债发行者的完全独立的选择。对公债资本形成效应的强调，是因为没有弄清楚结果出自两

1　对于他们的贡献，参见James M. Ferguson (ed.), *Public Debt and Future Generations* (Chapel Hill: University of North Carolina Press, 1964)。类似的错误，费尔德斯坦也曾犯过，并且普雷斯特和特维在其对成本–收益分析的评论中对这种错误观点也表示过认可。按照费尔德斯坦的观点，一个项目的成本，部分取决于该项目的资金是来自当前的消费还是投资。然而，要使得成本–收益分析方法有效，必须作出如下假定：通过税收方式交纳资金的那些人，处于消费和投资间的均衡状态。在这一情形下，每一美元的效用在边际上都已相等。如前所述，整个方法，其作用本来充其量就是有限的，而一旦缺失了完全均衡的假设，就彻底变得无用了。参见M. S. Feldstein, “Opportunity Cost Calculations in Cost-Benefit Analysis,” *Public Finance*, XIX(1964), 126，引自A. R. Prest and R. Turvey, “Cost-Benefit Analysis: A Survey,” *Economic Journal,* LXXV (December 1965), 686-687。

有趣的是，达文波特似乎在半个世纪前就间接地对这一错误提出过警告。他强调，资金借方的成本（为了获得资金他必须牺牲的）与贷方的成本（在作出消费–储蓄的决策时他所必须放弃的）间没有直接的关系。这里涉及两种不同的选择，因而对应于两种成本。参见H. J. Davenport, *Value and Distribution* (Chicago: University of Chicago Press, 1908), p. 260。

个决策，而非一个，而且计算也是出自两组决策者，而非一组。

李嘉图等价定理

李嘉图曾提出一个定理：政府征收一笔临时税（extraordinary tax）或发行一笔等额的公共贷款，对于理性人来说是无差异的。在其模型中，李嘉图假定个人具有无限长的时间视域[1]；同时，在个人能够以与集体相同的利率筹得资金这一意义上，资本市场也是完美的。在该条件下，个人可以通过资本市场的交易将两种财政手段无成本地进行相互转换，因此，这两种工具对他来说是无差异的。

上述分析是初步的也是浅显的，但是类似的分析可以扩展至个人的所有选择行为。比如说，如果个人清楚他总是可以通过市场以一个橘子交换到一个苹果，由于可以无成本地进行转换，礼物是一个橘子还是一个苹果，对他来说就是无差异的。然而，这并不意味着个人对于橘子和苹果的主观评价是一样的。只有在个人可以将其买卖的数量调整至达成其行为均衡的那一点时，后一种等价（即主观估值相等）才可能出现。在孤立的、非均衡的情形下，不能预设存在这种主观估值相等的情况。因此，选择公债还是征税，对于个人来说同样是无差异的，这是因为他可以无成

1　这意味着理性人会考虑到自己的决策对子孙后代的影响。

本地转换，而不是因为他对于这两种可选方案的主观估值是相等的。

认识到这个简单的要点意味着，将公债转换为等额现值，也许不能准确地度量或代表发行债务所包含的真正的、影响选择的成本。如果我们观察到个人选取了公债这一选项，那就说明其成本低于征税这一选项的成本，后者被界定为等于未来支付利息和偿还本金数额的现值。我们不能由此推断说个人的这个选择是一种边际上的选择。影响选择的机会成本，即对牺牲的未来享受的主观价值评估，可能要显著低于由须偿债务的资本化现值表示的数额。只有假定个人已将其支出–储蓄模式完全调整到其时间贴现率等于市场利率这一点，我们才可说，个人在边际上对于这两种财政手段是主观无差异的。的确，对于具有等额现值但时间维度不同的财政手段的主观评价存在着差异，正是这种差异使得个人的行为趋向完全均衡。从方法论的角度来看，均衡只是选择行为的目标，而将从这种均衡（目标）的特征中倒推出来的结论运用到在具有等额现值的筹资方式（资产或负债）之间进行的选择行为之上，显然是错误的。

税收资本化

与李嘉图等价定理相联系的有另一种财政理论的具体运用，对此内在一致的成本理论也可以加以阐明。在特定条件下，税收可以被完全资本化[1]，财政理论家的这一表述到底有什么含意？其算术含意是直截了当的：当面临一笔新征收的税时，资产的现值会降低至能反映出预期未来税收作为应付款项对收入的影响。在实现税收资本化以后，资产的购买者不会承担任何的税收负担，这一负担将完全落在税收征收那一刻的资产所有者头上。

若能将资本化得以发生的条件加以严格界定，正统分析中上述概要性的陈述是没有什么错误的。然而人们却经常假定，只有在资产的资本价值记减时，税收的“负担”才能被主观体验到，而在此之后便不再涉及效用的损失了。这种论断建立在基本的概念混淆之上。资本化的那一刻相当于我们早先讨论成本时提及的选择的那一刻。若考虑到资产所有者作出决策同时也意味着他（以税收或其他形式）放弃了对该资产的部分未来收入流的支配权，那么“资本化时刻”与“选择时刻”的关系就会更为明了。这里存在着一种影响选择的机会成本，即在必须放弃未来收入的权益的情形下，资产所有者对所要放弃的替代选择的一种纯主观评价。然而，如同发行公债的情形，这种主观的成本之所以存在，仅仅是因为资产所有者有着这样的预期，即在未来时期，他必须抽取部分收入用作支出，同时必须放弃使用这部分收入本可带来的享受。一旦作出了这一选择，税收或其他形式的收益扣除随之

1　作者在这里讨论的是一个多时期（multi-period）的情境。例如，在个人身兼投票人、纳税人、受益人三种身份的民主模型中，个人要决定是否赞同一种资产税以便为一个公共项目筹资，并假设该税收和公共项目会永远延续下去。税收的资本化意味着把将来预期的税收折现或资本化为现值。税收的资本化出现在税收首次征收的那一刻。具体讨论见布坎南的《民主财政论：财政制度和个人选择》第五章第三节。——译者

而来，就会出现一定的后果，包括支付所需款项的必要性。这些便构成了之前已做决策的选择影响的成本，该成本可以客观度量，也会由资产所有者主观评价。资产所有者在资本化之后会体验到效用的损失。这些效用损失并不能被资本化的过程消除，因为事实上，对这些未来效用损失的预期，正是资产所有者在选择或资本化的那一刻所体验到的主观成本的唯一基础。

税收负担在资产所有者之间的转嫁与税收负担的跨时分布这两个概念之间，存在着一些认识的混乱。在首次征税的那一刻，资本化将税收负担集中在资产所有者的身上。但是，“那一刻”所要指明的是当时的所有权状态，而非税收负担归属。在完全资本化之后，即便资产所有者立刻售出其资产，他也仍将在随后的时期承担选择影响的成本。

在税收资本化的过程中，同普通的经济选择一样，存在两种而非一种成本，对此我们必须加以区分。与任何决策中影响选择的成本完全类似，在税收资本化的过程中，资产所有者会有纯粹主观的认识，即未来收入流减少了。在资产所有者感受到对突然消失的机会能带来的未来享受的评价时，这种认识就会被体验到。类似于选择影响的成本，税收资本化的过程中也有体验到的效用损失，这种效用损失可事先预期到，并在须偿债务中有其等价物。因此，在任何情况下，资产所有者在征税那一刻就承担了所有实际税收负担，从这一意义上来说，资产所有者并不能把将来支付的税收完全资本化。一旦完全认识到任何选择的成本都具有两重性（duality），那么上述结论就没有什么矛盾之处。预期成本不是也不能作为已发生的负担的替代物，这两类成本在维度上也不相同。在真正的死亡来临之前，“懦夫死了上千次了”[1]。

1　此处的大意是，懦夫想像中的死亡（预期成本）与真正的死亡（已发生的负担）完全不同。引文出自海明威的小说《永别了，武器》第二十一章：“The coward dies a thousand deaths, the brave but one”；而最早的出处来自莎士比亚的《尤利乌斯·凯撒》第二幕第二场：“Cowards dies many times before their deaths; The valiant never taste of death but once”。——译者

第五章
私人成本与社会成本

边际私人成本与边际社会成本相等，这是庇古福利经济学有关资源配置的准则，[1]这一原则仍然为现代的大多数福利经济学家所接受。在观察到存在外部效应的情况下，为了满足实现最优化的必要条件，必然要求实施矫正性的税收和补贴。这里我们将讨论的主题限定在庇古政策准则中暗含的成本概念上。因此，此处就不需要对外部性理论方面近期的著述作过多评介，其中一些文献为庇古规范赋以重要的限定条件。[2]这一章的目的在于说明庇古准则没能对可影响选择的成本与可客观度量的成本作出区分。

1　当以机会成本的形式来表述成本时，边际私人产出与边际社会产出相等的准则，就可简化为边际私人成本与边际社会成本相等的准则。对未能产生外部收益的行为的分析，可等同于对产生外部成本的行为的分析。在庇古的表述中，他几乎完全只使用了产出术语，尽管实际上他指的是产出和成本两方面的内容。参见 A. C. Pigou, *The Economics of Welfare* (4th ed.; London: Macmillan, 1932), 尤其见 pp. 131-35。

2　此类文献中较典型的有：R. H. Coase, "The Problem of Social Costs," *Journal of Law and Economics,* Ⅲ (October 1960), 1-44; Otto A. Davis and Andrew Whinston, "Externality, Welfare, and the Theory of Games," *Journal of Political Economy*, LXX (June 1962), 241-62。

概要性分析

我们先看一个典型的例子：个人（或企业）的行为给他人而不是自身带来了边际外部不经济（marginal external diseconomies）。这些外部不经济意味着给别人的“利益”（goods）带来了损失，而这种损失又没有通过一般的市场交易加以补偿。对庇古规范的应用意味着，决策者应该将外部施加给未参与决策者的成本考虑进其计算中，即这些成本应该叠加到决策者本身就会加以考虑的自身内部成本之上。按此思路，通常建议的政策工具便是对产生负外部性的活动征税，该税款等于此类活动所带来的单位外部成本。有时提出的其他政策工具，还包括使外部性内部化的制度安排。上述各种思路的目的，都是使决策者获悉的成本或影响决策者的成本等于实际的“社会”成本。此类“社会”成本由相关社群或集体中的个人成本简单加总计算而成，在这一意义上，上述各种模型仍然保留了个人主义的方法。

详 细 考 察

根据庇古的理论，明确建议的征税方案带来的“成本”变化会修正产生外部性的行动者的行为，从而带来“有效率”的结果。但是，此处的“成本”指的是什么？庇古的这一分析框架，或许向我们展示了一个混淆源自古典经济学的客观成本概念与影响个人选择的主观成本概念的最典型例子。

首先，我们来看看如何确定将要征收的这一矫正性税收的数额。这一数额应该等于他人而非决策者所承担的作为决策后果的外部成本。这些成本由可以对自己遭受的效用损失进行价值评估的人所承担，他们可以推断在没有遭受外部不经济时“原本可能”的情形是怎样的。然而，为了估计矫正性税收的数额，必须用某种客观的方法来度量这些外部成本。但是，分析者并没有什么参照标准，以便能作出合理的估计。由于承担这些“成本”的人——那些受外部性影响的人——并没有参与导致此类“成本”的决策过程，因此，我们没有办法可以确定（即使是间接地）他们对本可避免的效用损失所赋的价值。在那个经典的例子中，那个所洗衣物被弄脏的家庭主妇愿意出多少钱来清除空气中的烟尘？除非是她亲历这一选择，否则对此作出的任何估计都必然是近乎全然武断的。生产“洁净的空气”所需的预计支出，甚至不能作为烟尘带来的损失之近似估计。“洁净的空气”当然可以在物理意义上得到界定；困难不在于不能在物理描述性意义上界定“洁净的空气”的单位。然而，不管怎样界定，“洁净的空气”是不能在单独的个体间进行交换或交易的。每个人都只能是适应其所处环境中的空气清洁程度。不存在对洁净空气（“有益品”）的数量进行边际调整以达到均衡的可能性，本来这样的均衡可回避个体间相对评价的差异。

可用图1来说明我的观点。遵循庇古原则的分析者无法客观地确定家庭主妇是处在图中A、B、C三种情形里的哪一种，但是很显然，在三种不同情形下，无论是边际的还是总量的效用损失，都存在着很大的差异。这里不存在对不同评价进行观察的行为基础。图1也表明，如果个人偏好函数具有标准属性，那么不同个体的价值评估可能直接会随着私人物品收入的差异而不同。相比穷人，富裕的家庭主妇对于新鲜空气的估价要高得多，其中的原因是显而易见的。外部不经济，即“烟尘损害”，不能在个体间“再交易”。如果可以交易，贫穷的家庭主妇可能会非常愿意承受更多的烟尘损害，以便从她富裕的邻居那里换得一些货币补偿。但是，由于此类交易不可能发生，她就只能适应其所在环境中空气的污染程度（“有害品”）。

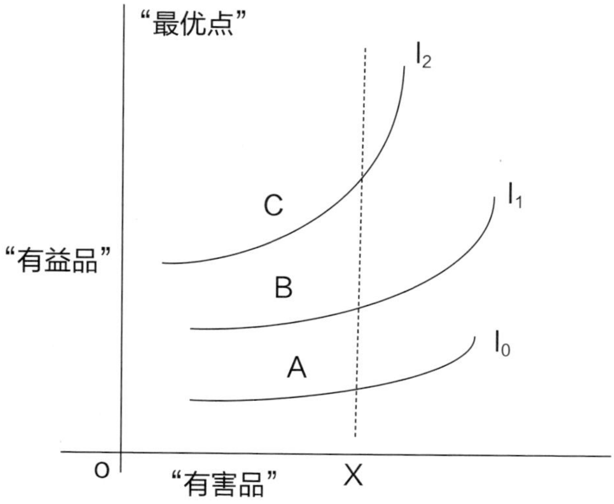

图 1

在清除造成损害的因素会改变企业生产函数的情况下，对外部施加的成本加以客观的度量，似乎是更可行的。如果遭受损害的主体是生产企业而非个人，那么就没有必要进入效用损失评估这一复杂过程。我们将会发现，“污染”率（rate of “pollution”）的变化会改变生产可交易物品或服务所需要的支出比率。由于这些物品或服务是在市场中确定价格的，这样便可对其价值进行客观度量。[1]

在数额上与他人所遭受的外部成本（尽管有上述提及的困难，此处我们仍假设它是可以客观度量的）相等的矫正性税收，如果可以带来庇古分析中所预示的行为变化，那么决策者所面临的内部成本必然也可进行客观度量，至少是可间接地进行客观度量。这一分析隐含地假设，在没有矫正性税收的情况下，决策者的选择将建立在正常市场交易中购买生产要素的货币支出所提供信息的基础上。然而，正如先前的讨论所表明的，在一般情况下，这一假设并没有得到逻辑的支持。客观观察到的实际货币支出并不必然反映影响选择的成本，即决策者所考虑的真实机会成本。

---

1 这一点似乎有助于揭示理论混乱的源头。马歇尔和庇古在企业间（interfirm）模型的框架下提出了外部性的概念，这种模型隐含地假设了竞争性的市场结构。正如我们将要看到的，即使在这种模型中，可客观度量的成本概念的适用性也是有限的，但这种模型的错误与当外部性指向个人间或使用效用函数的企业间的互动时出现的错误是完全不同量级的。当然，客观度量外部成本的可能性并不能确保征收矫正性税收的政策是合意的。在竞争的条件下，这种政策在一定范围内可以得到合理的辩护。相比之下，在非竞争的市场结构中，对产生外部性的企业征收矫正性税收带来的坏处就可能超过其益处。对这一基本观点的论证，参见拙文：“External Diseconomies, Corrective Taxes, and Market Structure,” *American Economic Review,* LIX (March 1969), 174-77。

庇古规范存在一个明显的逻辑上的不一致。它旨在使影响选择的边际私人成本与客观度量的社会成本两者相一致。只有在可客观度量的条件下，才能引入适当的矫正性税收工具。但是，在何种条件下，可客观度量的外部和内部成本可以精确地反映实际决策者可能考虑的成本呢？在理想的竞争性均衡条件下，外部观察者所度量的成本可以作为决策者主观评价的合理代表。然而，几乎仅从定义看，我们就知道，在这种环境下是不会产生外部效应的。

内部成本、均衡与准租

要使得这些支出可以衡量（即使是间接地衡量）影响选择的主观障碍，必须具备一定的条件，此处需要对这些条件加以详细说明。具体来说，这些条件包括：（1）与产生外部不经济的活动有关的个人或企业，都必须处于完全的竞争性均衡状态；（2）在该种活动的均衡水平下，并且也只有在此水平下，不会产生损失也无利润可获；（3）整个经济体系的其他地方都不存在潜在的利润。在上述条件下，原本可避免的成本就仅仅是必须支付的支出了。个人或企业只有一种能避免损失的替代行动方案可选，那就是“不采取行动”。在这种情形下，决策者避免了“采取行动”这一方案所需要的总支出或边际支出。这样，由于所有其他替代选择必然会招致净损失，“不采取行动”明显是最具吸引力的方案。

在该模型所要求的竞争性均衡条件下，不可能有准租（quasi-rents）[1]的存在，指出这一点非常重要。在这种情形下，将差异化的资源能力通过资本化转为准租，进而使不同企业的成本变得相等的方法也不能得到利用。如果这样的方法确实存在的话，那么影响选择的成本与可客观度量的支出之间的纽带就完全取决于不存在准租这一假设。换言之，若存在这种准租，无论它与个人行为有关还是与企业生产活动有关，我们都不能预设，可以用预期支出来衡量主观的、必定影响实际选择行为的机会成本。在这样的情况下，上述均衡所建立的主观机会成本与客观度量的支出之间的间接联系就被破坏了。原因在于，在存在“准租”的情形下，个人或企业不止拥有一种可避免损失的替代性行动方案。“准租”或其等价物提供了一种缓冲，从而使得决策计算中的主观因素变得有意义。正如奈特在其1935年的论文[2]中所认识到的（虽然并不完全），如果个人或企业的决策计算中存在非金钱性因素，可度量的支出就不能代表事实上会影响选择行为的机会成本。就我们此处的讨论来说，允许“准租”或其等价物的存在，将会破坏庇古

1 准租（准地租）的概念由马歇尔最早提出：“从机器及其他人工所做的生产工具中所得的收入……用准地租这个名词来代表。”（《经济学原理》，上卷，朱志泰译，北京：商务印书馆，1964年，第44页）机器设备等在短期内的供给是固定的，只要产品价格能够补偿平均可变成本，生产经营者就会利用该机器设备进行生产。这时，产品价格超过其平均可变成本的部分，代表固定设备的收入。这类似于土地的收入——地租（rent）。——译者

2 F. Knight, “Notes on Utility and Cost”, (Mimeographed, University of Chicago, 1935)，以两篇德语文章的形式发表于*Zeitschrift für Nationalökonomie* (Vienna), Band VI, Heft 1, 3 (1935)。

政策规范的逻辑基础。没有哪一种方法，可以促成影响选择的主观机会成本与决策者和受其决策外部影响的其他人所承担的可客观度量的支出之间的有效转换。

一 个 例 证

批判性分析[1]的大部分观点，可以通过一个简单的例证来说明。假设我非常喜欢猎狐，并且在住处附近养了一群猎犬（猎狐犬）。我正考虑是否在已有的一大群猎犬的基础上再增加一只，我也准确地知道猎犬的市场价格，我们假设该价格为100美元。

我的一位邻居住在猎犬守卫的安全范围之内。如果我决定再买一只猎犬，他（及其家人）就会遭受一些可以预见的效用损失。为便于此处的分析，假设这种（给邻居带来的）外部损失的合理估值为45美元；无论是作为外部观察者的专家、邻居还是我自己都认同这一估值。假使我可以预见到增购一只猎犬可以为我带来的增量收益为160美元。很明显，这一收益远远超过了猎犬的市场价格100美元。我们再假设，不存在其他支出渠道可以给我带来净边际收益。在这样的情形下，我因购买猎犬而必须放弃的享受而产生的机会成本大致为100美元。然而，除了这些成本之外，在决策计算过程中，我可能还会考虑到邻居因为我购买猎犬这一决策

1　即对“客观支出可以衡量影响选择的主观成本”这种观点的批评。——译者

而必须放弃的享受的价值。他的预期损失以及我自己的机会成本，构成了我的决策障碍。

假如我尽我所能地对邻居的预期效用损失进行估值，并得出这一损失是45美元，而如上所述，这一数值也准确地代表他自己对此行为的估值。我的决策障碍，即影响我选择的成本，将包括两方面的因素：首先是预期支出的100美元在其他用途中的估值，根据前面的假设条件，我们估值也是100美元；其次是我对邻居必须放弃的预期享受的估值，在此案例中为45美元。在这种情况下，由于预期的边际收益160美元超过了所放弃的替代性选择的价值145美元，因此我将会着手购买。

需要注意的是，在这一假设行为中，我是按照庇古的原则来行事的；这一原则在这里成为个人行为的伦理规范。我真真切切地将邻居看作是我自己，尽管没有任何形式的矫正性税收，我的内部决策计算还是准确地将“边际社会成本”反映为决策障碍的。然而，同样需要注意的是，就所讨论的这个单独决策而言，可以看出我给邻居施加了外部成本，却没有向他作出补偿。如果一个受庇古传统训练的经济学家受邀作为政府顾问，他可能会建议我必须支付矫正性税收，即缴纳相当于外部成本45美元的税额。显然，除非我的主观机会成本的构成被此类税收直接改变，否则该政策将会改变我的决策。现在，一项积极行动（即购买猎犬）的决策所包含的成本约计190美元。[1]面对这种情况，我将停止购买

1　即100美元的猎犬成本、45美元的邻居效用损失以及45美元的税收之和。——译者

猎犬，尽管我这样做（即不再购买）会带来“社会的”或资源配置的扭曲。在这个例子中，矫正性税收将一个社会合意的选择结果转变成了一个社会不合意的结果。

我的内部机会成本的构成可能会被征税改变。如果我完全清楚我之所以被征税，就是因为我的行为带来了外部不经济，[1]那么我可能会降低对邻居所放弃的宁静享受的估值。如果税收收入被指定直接转移至我的邻居手中，那么这种情况就极有可能发生。这样一种直接的联系，以及更重要的，这种对矫正性税收目的的意识，在庇古的著述中从未强调过，也似乎没有以此对选择行为进行起码的描述。我们最多可以承认，在税收与机会成本“外部”成分的主观评价之间，存在着某种替代关系，但是显然没有理由认为它们会完全抵消。

这个简化的例子做了如下假设：我对他人所放弃的替代性选择的珍视程度，差不多与我自己的相同。当然，要推出矫正性税收会产生无效率的结果这一结论，并不需要这种极端利他主义的假设。在本例所讨论的单独的选择中，即使我对邻居所放弃的享受的估值仅为16美元，45美元的矫正性税收也仍将使我选择无效率的结果（100美元+16美元+45美元=161美元＞160美元）。随着个人的“准租”或“边际剩余”的减少，这一估值甚至会变得更小。例如，假设我对（购买猎犬的）边际收益的估计仅为146美

1　在原作的几个版本中，此处的原文都是“外部经济”（external economy），这应是作者的笔误，根据语境，此处应改为“外部不经济”（external diseconomy）。——译者

元，而我对邻居所放弃的享受的估值仅为2美元。我的影响选择的税后成本就变成147美元（100美元+2美元+45美元），这超过了我的预期边际收益。这样，我将因受税收影响而做出无效率的社会选择，虽然与我对邻居预期效用损失有更高评价的时候相比，这种情形下的无效率程度要更低。

庇古经济学与基督教伦理

上述例子表明，对庇古政策规范适用性的辩护，可能来自这样的行为假设：每个人都严格地根据自身狭义的、“私人”的物质利益来行事。他自身的行为可以被假定为完全不受该行为对他人带来的效应所影响。在这样的条件下，或许可以认为，上文所述的实施矫正性政策与获得配置效率之间的冲突并不存在。正如下一节要表明的，即便是这样的限制性假设，也挽救不了庇古的分析。不过，在此我们首先要更为仔细地考察这一行为假设本身的合理性。

初看起来，上述行为假设似乎只是对遍布于预测性经济理论中的“经济人”假设的一个延伸。然而，进一步的考察表明，这一行为假设要比“经济人”假设严格得多。在传统的新古典市场理论中，隐含的行为假设是由威克斯蒂德最早阐释的“非亲密性”

（nontuism）[1]假设。这仅仅是这样一个假设：就总体和平均意义而言，从事类市场行为（market-like behavior）的个人或企业在决策中不会考虑到交易契约另一方的直接利益。威克斯蒂德的“经济人”能自觉遵守基督教伦理而无违和感，因为如果他这么做，除了他的直接交易对象之外，他能将所有同伴的利益考虑进自己的行为模式中。只要他的邻居不与之交易，那么他就可能继续“爱邻人如爱自己”。根据定义，在存在外部性关系的情形下，交易不会发生。我们可以合理地认为，恰恰是在这种关系中，可以见证真正乐善好施的行为模式。的确，还可认为，在几乎所有的非市场行为中都有潜在的外部性，而文明社会的正常运行也高度依赖于一定程度的相互尊重。当产权得不到很好的界定因而也难以建立起市场安排时，人们至少也会以口头的形式来表达为对方的考虑，而不是仅着眼于狭义的自我利益。“我可以抽烟吗”这样的表述就是一个典型的例子。

似乎只有在存在人际（personal）外部性关系的情况下，才会普遍出现对基于狭义物质效用函数的行为模式的偏离。也就是说，只有当潜在的外部性关系牵涉的人数相当少时，反对狭隘的自利假设的观点才能完全成立。相比之下，在人数很多的群体中，个人的效用计算就很少甚至根本不会将“他人”的利益考虑在内。此时个人或者真的没有“邻居”，或者没有任何有效行为意义上的

---

1 “非亲密性”是威克斯蒂德在1910年出版的《政治经济学常识》一书中创造的一个词，最初是指个体间经济关系的特殊性质。非亲密者对于他们所接触的人的利益不感兴趣，这种动机既不是利已主义也不是利他主义。——译者

"邻居"，尽管存在"邻里效应"（neighborhood effects）[1]。在后一种情形下，庇古的逻辑及其政策含意至少可以得到部分修复。在大城市中，那些在不是自己居住的街上乱扔垃圾的人，或许不会因为其行为给他人造成影响而太过担心。这表明，在类似的情形下，当其适用性所需的所有其他条件均得到满足时，由庇古方法所推导出的矫正性政策工具不会与标准的配置准则发生冲突。[2]

狭义的自利假设与替代性机会的准租

前一节已经表明，要挽救庇古的政策逻辑，一种方法就是做出明确的行为假定，即带来外部成本的人，在选择时不会受"为

1　例如，居住在穷人区或富人区对家庭及个人会有不同的影响。这在理论和经验研究中仍然是一个有争议的话题。——译者

2　此处值得注意的是，在对这一类互动行为关系都作过实质性讨论的政治学家与经济学家之间，存在着有趣的侧重点的差异。在政治学中，学者们主要强调的是在事涉"公共利益"时个人的政治义务及责任。这意味着他们企图通过使个人对他人的效用作出更高评价来改变他的效用函数，从而改善最终结果。直到前不久，政治学界才对改变制度安排从而将私人选择引向产生更合意的社会结果这种视角给予较多的关注。

相比较而言，在经济学中，制度或政策的改变则是关注的焦点，学者们较少去讨论个人行为的规范问题。正如我们的分析所表明的，经济学家隐含地假定个人是根据其自身的狭隘利益而行事的；而一旦这一构成分析基础的行为假设不能反映现实，他们所提出的政策建议将没有适用性。

对这两个学科之间差异所作的更早讨论，参见拙文"Marginal Notes on Reading Political Philosophy"，该文作为附录 I，收录于 James M. Buchanan and Gordon Tullock, *The Calculus of Consent* (Ann Arbor: University of Michigan Press, 1962; Paperback Edition, 1965)。

他人考虑”的相关因素的影响。然而，即使有对个人效用函数的这种限定，如果该项行动的备选方案存在潜在的“准租”的话，那么庇古政策规范的运用与效率准则之间就会存在冲突。这仍然可以通过前面讨论过的简单例子来说明。

在之前的例子中，我们假设在这笔经费（100美元猎犬购置费用）的其他任何支出机会中都不存在潜在的“利润”。在且只在这一情形下，对资源投入的预期货币支出，即100美元，才能够完全准确地反映决策者真实机会成本的内部组成部分，而预期的边际税收，即45美元，也才能够准确反映相应的外部施加的成本部分。在这一模型中，新增的假设，即作出选择的那个人对作为其行动后果的他人效用水平及其变化没有任何评价，将会恢复庇古的政策逻辑与总体的效率准则之间的一致性。现在我们必须要表明的是，即使我们仍恪守对个体行为狭义的自利假设，只要对备选行动方案有关“利润”或“准租”的假设稍加放松，就会削弱整个政策工具的适用性。

我们来看看该笔经费在其他可选支出机会中存在潜在预期“利润”的情形。在考虑是否多购买一只猎狐犬时，相应的预期边际收益为160美元，假设我预计到资源投入的支出将为100美元，但我也预想到可以将这100美元投资到其他活动中，并获得主观价值为115美元的预期边际收益。在这种情况下，对我而言，在征税前，最能代表影响选择的机会成本，即选择的障碍，是115美元而非100美元。假设这笔45美元的矫正性税收是针对边际购买而征收的，同时，这也能够准确反映邻居自己对因我的行为而遭受的外部损失的估值。那么可以得知，“社会成本”——作为边际选择结果并由群体中所有成员所负担的成本——就可准确地计为160美元。这一数值反映了我自己的边际机会成本——115美元，以及我的邻居所承受的价值为45美元的外部成本。由于我增购一只猎狐犬的社会成本和社会收益均为160美元，按照标准的资源配置准则，此时我应该处于决策的无差异状态。然而，要注意的是，一旦对我的边际购买征收了矫正性的税收，那么在我自己的选择计算中就不会实现无差异状态。由于我现在面临不同选择，影响选择的成本便成了166.75美元，而不是160美元。我不仅必须以所放弃的其他选择的价值即115美元来衡量资源投入的预期支出，而且我也必须以所放弃的其他选择来衡量预期边际税收支出，这些被放弃的其他选择则是由于实际税收支出而无法实现。如果将100美元的资源支出用于其他行动方案的预期“收益”是115美元，那么我们同样可以预计，45美元的预期税收，其影响选择的成本大约为51.75美元。[1]这样，在我自己的决策计算过程中，这一选择便不再是边际上的选择了；矫正性税收使得影响选择的机会成本——私人成本——超过了边际社会成本。在这一情形下，即使我的效用函数遵循最严格的自利原则，我也会对自己的行为作出调整。

1　即由于这45美元用于交纳税收而不能投入到替代性选择所带来的损失大约为51.75（即45乘以1.15）美元。——译者

结　论

我必须强调，对庇古的政策规范提供一般的批评性分析并非本章的意图。如果真要做这种分析，还应该对本书忽略的诸多有趣问题加以讨论。我的目的在于运用应用经济理论中这一熟悉的分支来论证阐明机会成本这一基本概念的重要价值。对于那些完全接受并理解伦敦学派—奥地利学派贡献的人来说，庇古的分析逻辑中的内在不一致是非常明显的；而对于受训于新古典机会成本范式的人来说，可能需要通过对一些基本例子的理解，才能达到对这种内在不一致的认识。对那些长期以来为人们所接受的原则提出质疑实属不易，而在本章内容的几次修改中，我也已发现，要防止将分析滑向我之前在其他著作常用的传统方法论，也是一件难事。因此，尽管此处提出的要点本质是简单的，但相应结果不免有些复杂。事实上，对伦敦学派的机会成本概念的吸纳，意味着改变了经济理论的一块基石。只有在这一基本的修正完成之时，对传统理论结构进行改造的实际进程才能大规模展开。同时，只有该理论构造中最显见的部分——例如庇古的福利分析——才能直接与该理论基石之一中的这一具体缺陷联系起来。

第六章
市场缺失情形下的成本

如果价格形成于市场过程中，那么买方与卖方将会根据成本-收益比较来进行决策。只有预期收益超过机会成本，选择才会作出。如果可以作出连续的调整，那么每一个市场参与者都会趋近于预期边际收益与边际机会成本相等的行为均衡点。在这个纯粹个人主义的情境中，不会有对成本与收益准确含义的疑问。这种分析为理性的个人决策提供了逻辑基础，在其中，成本仅仅是决策者作出积极选择的那一刻所放弃的东西。

正如哈耶克所强调过的，市场互动中的均衡与个体参与者在市场互动中的行为均衡属于不同的类型。对于行为均衡，在个人意识到的选择范围之内，必定不存在交易收益（gains from trade）；而对于市场均衡而言，所有在个体间采取的行动，都不可能有（总的或边际的）交易收益存在，此时，每个个体都把与其他人交易的可能性看作自己选择集的一部分。为了形成市场均衡，每个参与者必然都处于个人行为的均衡之中，但是反过来就不一定成立。也就是说，每个人在作出选择的那一刻均可达到自己的行为均衡，但除非每个分立的个体决策彼此之间处于一种唯一的关系，否则就不一定能产生市场均衡。若市场均衡未能产生，将会导致个人后续选择中的行为均衡处于变动之中。

价格、成本与市场均衡

在完全的市场均衡状态下，“价格”与“成本”之间是一种什么关系呢？对每个参与者来说，预期边际收益和边际机会成本将会相等，而这两者都是以个人主观评价形式来衡量的。可以观察到，所有人都面临着统一的相对价格，而这是消除交易收益的必要条件。由于每个参与者均处于完全的行为均衡之中，那么可以推断他们必然面临相同的边际成本。作为需求者，个人将会调整其购买量以确保预期边际收益等于价格，因此，以货币单位表示的某一商品的预期边际收益对于所有需求者来说都是相等的。类似地，作为供给者，个人将会调整其销售量以确保所放弃的预期机会即边际机会成本等于价格。这样，以货币单位度量的边际机会成本，对所有供给者来说都是相等的。

在完全市场均衡下，价格会趋近于与边际机会成本相等，但是此处的成本完全类似于需求方的边际收益。只有价格具有客观的、经验性的内容；无论是需求方的边际价值评估，还是供给方的边际成本（对所放弃的其他机会的边际价值评估），都不能作为确定价格的基础。其原因在于，这两项内容都是通过市场交易双方的行为调整而最终与价格相等的。价格并不会被带向等于某些可客观确定且可在经验上度量的现象，不管是市场需求方的还是供给方的。

在市场过程的这一基本逻辑中，我们回到了具有固定商品供给的古典模型，该模型在主观价值理论出现之后便成了一个一般性模型。这里不存在具有实证性内容的正常交换价值“理论”。这一分析提供的是对结果的“解释”，是一种关于市场互动的逻辑，并不包含任何预测性假说。

作为最终产品成本的资源服务价格

然而，最终产品并不是以固定数量的形式提供的，而随着资源服务（resource services）的引入，成本的客观性也将被重新引入。生产性服务（productive services）的价格形成于市场过程中，如同最终产品的价格一样，它们在经验上是可观察的。这些资源服务的价格来源于对最终产品的价值评估，而后者被认为是建立在主观因素基础之上。但是整个市场的行动，形成了可观察到的价格，这些价格反过来似乎又使得最终产品的成本变得客观真实。生产企业所面对的生产成本也是资源供应主体所接收的资源价格。因而，对于最终产品的市场而言，供给方的调整似乎为成本理论提供了避开逻辑推理而转入经验现实的通道。供给方的行动使得成本等于价格，而成本体现了对所放弃的其他可选机会的边际价值评估，这种评估通过整个市场以货币的形式表现出来。至少就最终产品的价格而言，我们似乎回到了单向因果推理的准古典世界。

然而，即使是在完全的市场均衡状态下，机会成本也只具有表面上的客观性。正如奈特在其1934年和1935年的论文中正确指出的，即使在完全均衡状态下，也只有当资源供应主体的选择中既没有非金钱性收益（nonpecuniary advantages）也没有非金钱性损失（nonpecuniary disadvantages）的情况下，资源服务的价格才能反映成本。如果金钱性收益是资源供应者的唯一动因，那么，可观察到的单位资源价格的确代表了该单位资源影响选择的机会成本，尽管这种代表是间接的。反过来，如果在资源供应者的决策中存在非金钱性因素，那么该资源影响选择的成本就不能在所支付的货币价格中观察到了。这样，在某种客观意义上，最终产品的成本与所观察到的为资源服务支付的价格之间表面上的联系都不复存在了。

当然，这并不会影响市场互动的标准分析，也不会改变可能从对竞争性调整的理解中推衍出的福利结论。只要市场交易双方都能够通过不断调整行为来显示其偏好，非金钱性因素就会完全体现在双方达成的解决方式中，价格将会趋向于与边际机会成本相等。在经济主体的选择中存在的非金钱性因素，破坏了成本貌似存在的客观性，而这种客观性由资源服务的价格来衡量。

然而，这些价格可能只体现了某些资源供给者的非金钱性因素，而并非所有人的。如果存在足够多的资源供应者，他们在获得相同金钱性收益的资源所有用途上都处于无差异的边际点，那么资源服务的价格就能准确地代表边际机会成本，尽管存在一些在金钱性收益和非金钱性收益基础上进行选择的超边际供给者（inframarginal suppliers）。在超边际的意义上，选择中的非金钱性因素不会影响观察到的资源服务价格与最终产品的边际成本之间的关系。[1]然而，这一情况仅适用于边际成本；平均成本就不能以观察到的资源投入支出来加以准确度量。即使在边际调整点上做出的有效决策不包含非金钱性因素，因而边际机会成本中也不包含这种因素，但在供给的超边际范围作出的选择中存在的非金钱性因素，也会使观察到的支出不能度量总成本。虽然这并不会改变市场互动过程的资源配置结果，但是它确实意味着，使用预期到的或观察到的支出来度量总成本——与预期收益相比较并作为非市场配置决策的基础的成本——会导致严重的错误。

市场均衡、成本与准租

如果资源供给者的选择中不包含非金钱性因素，且经济体系

1 “超边际”一词最早由布坎南等人提出，后来被杨小凯等人借用。如果供应者的效用函数为：$U^A=U^A(X_1, X_2, \cdots, X_m, Y)$，其中$X_1, \cdots, X_m$代表金钱性收益，$Y$代表非金钱性收益。对$Y$求偏导，当$\frac{\partial U^A}{\partial Y}=0$时，可以称此时的供应者为超边际供应者。因此，此时的非金钱性因素对边际效用不产生影响。可参见Buchanan and Stubblebine, “Externality”, *Economica,* vol.29, no.116（Nov, 1962), pp. 371-384。——译者

处于完全的竞争性均衡中，那么观察到的资源服务支出似可对这些供给者的影响选择的机会成本提供一个客观的（即使是间接的）度量。然而，这种情形下所需的均衡条件比其他情形所要求的条件要严格得多。所有的资源供给者在对资源的不同用途上必须处于无差异的边际点上；此时也不存在准租。如果有某些资源获得准租，那么，观察到的对资源服务的支出就不能准确反映资源所有者影响选择的成本，而这种成本关乎他在职业间或行业间的选择。

资源服务的价格会设定在使用边际的合适点上，而购买者之间的竞争会使得相同单位的资源赚取相同的收益。然而，企业内或行业内相同的生产率并不意味着在资源的不同用途间或行业之间也具有相同的生产率。对于某些特定的行业来说，资源可能具有程度不同的专用性。当这种情形发生时，就会出现准租。当然，这类准租的存在并不会扰乱市场互动行为的逻辑。在均衡状态下，价格将等于成本，但成本必定与所作出的具体决策相联系。在将其服务卖给竞争性行业内的某个企业时，资源所有者同时也放弃了将该资源卖给同一行业内的其他企业所可能获得的收益。在这种情形下，资源所有者对于资源在不同企业间的使用是处于无差异状态的，所以就不存在准租。然而，在存在准租的情形下，可能会出现将资源用于某一行业内而不是其他行业的情况。这就是说，所放弃的某个行业外的收益，可能会少于在该行业内任一企业处所能得到的收益。这样，价格将会等于成本，而这种成本反映了选择是在行业内作出的这样一种特征。然而，即使在完全的市场均衡情况下，对边际供给者之外的所有供给者来说，企业向其支付的资源服务的价格——支出——将会超过对所放弃的在该行业外的潜在收益的边际评价。

这种超边际准租的存在，并不会改变市场过程的配置结果，因为在边际点上，准租会消失。无论是企业间的决策抑或行业间的决策，边际的资源供给者都是处于完全均衡状态的。企业向其支付的支出，准确地衡量了他对所放弃的替代选择的价值评估。超边际供给者所获得的准租，曾经是半个世纪前一场重大争论的主题，在那场争论中，阿林 · 杨格（Allyn Young）的一个重大贡献就是证明了这种准租的存在无关乎资源的配置效率。

然而，当人们试图将市场过程的这些特性用于作出非市场决策的指导或准则时，就会出现问题。在将这一分析扩展至非市场决策时，我们必须牢记超边际准租与“成本”之间的关系。

军事人力的成本：一个例子

下面的例子可以用来说明本章提出的一些要点。假设政府聘请一位经济学家来做专家顾问，要求他对为获得一定质量和数量的军事人力所花费的“成本”作出估计。收益估计值与这一“成本”的比较，将成为政府在有关军事人力雇用数量方面配置决策的基础。为了简化这一问题，我们再假设政府需要一个固定数量的普通士兵。就要实现的军事目的而言，这些普通士兵是同质的。

在图2中，我们以S刻画普通士兵的实际供给曲线，并假设X

是所需要的普通士兵数量。供给曲线反映了为获得不同指定数量的普通士兵所需的最低价格（工资），并假设它为政府顾问所准确了解。我们还假设所有潜在的士兵都仅受可能获得的金钱性报酬驱动。在这一情形下，S曲线也代表了这些潜在士兵所放弃的其他就业机会的报酬。供给曲线向右上方倾斜，表明这些士兵在其他就业机会的生产率存在差异，尽管他们提供的军事服务是同质的。

假如政府在购买军事人力时的行为如同在一个完全竞争的产业中那样，那么它的预期支出就可由长方形0XPY的面积来表示。然而，由于存在超边际准租，这一支出夸大了与潜在职业机会有关的“成本”。RPY这一阴影部分面积就不是任何影响选择意义上的总成本的一部分。如果将这一面积所代表的金额包含在成本–收益比较中的成本方面，比较的结果就会偏向于不将资源投入到军事人力上。只要政府是通过契约购买军事人力，那么不管政府通过何种方式购买，这一结论都会成立。如果出于公平原因，政府给所有士兵支付相同的工资，那么，尽管存在超边际准租，支出也会大于“成本”，只是其中部分支出现在代表资源投入的附带结果。如果在成本–收益计算中不能认识到这一点，那么只有极少资源会配置于那些供给价格日益上涨的公共设施或项目中。以预期支出来衡量这种情形下的“成本”，体现了阿林·杨格有效揭示的庇古式错误。

如果在资源供给者的职业选择中存在着非金钱性因素，那么供给曲线就不再能衡量潜在士兵在其他职业中的收益。这种替代

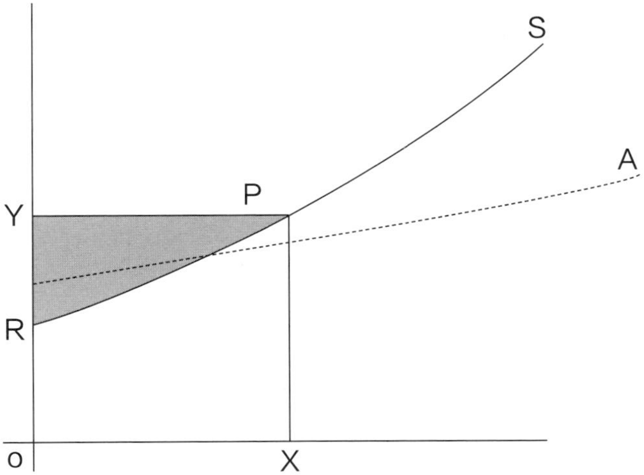

图 2

收益曲线[1]也可以推出，如图2中的曲线A，它的确反映了其他可选职业的金钱性收益。如图所示，替代收益曲线与“实际”供给曲线间的相对位置表明：随着供给数量的增加，非金钱性因素的差额从正值变为负值。这给要对成本作出估计的经济学家带来的困难，要比存在超边际准租的情况下更为严重。若能将影响选择的非金钱性因素抹除（assume away），那么实际供给曲线之下的就确实可以代表“成本”，且这一面积可以通过观察到的其他可选职业的收入数据来加以近似估计。然而，如果考虑到非金钱性因素，那就不存在这种间接的方法来估计影响选择的成本了。替代收益

1　其他可选收益曲线。——译者

的估计值是低估还是高估了成本，取决于所选择的数量。正如图2所示，在数量轴的左边，出现了高估的情况，而在右边则出现了低估的情况。

只有在政府以一系列类市场的契约安排从提供服务的个人那里购买资源的情况下，我们目前所讨论的所有间接或直接度量成本的方法才有意义。士兵必须是自愿出售其服务的。如果以其他方式招募士兵，此处所讨论的成本就得重新加以考察。若应征的每个人的选择中都不存在非金钱性因素，那所征召的部队的机会成本就可以由其成员在非军事职业中能得到的收入来衡量[1]。这意味着，如果部队的每一个成员在军职的收入等于非军职的收入，那么他们在军职和非军职之间就处于无差异状态。正如此前所指出的，相对于在类市场过程中消除非金钱性因素对配置效率的重要性所要求的条件，这是一个严格得多的限制条件。在类市场过程中，只要有足够多的边际调整者对不同职业的非金钱性差异保持无差异状态，那么非金钱性因素就不一定会改变配置结果。然而，如果想用所放弃的收入来衡量影响选择的成本，那么，这种无差异就必然会由每一个资源供给者表现出来，而不是仅仅由那些边际调整者表现出来。在行为自由调整的边际处所作的选择中消失的非金钱性因素，如同边际处消失的准租一般，恢复了资源服务

1　征兵的机会成本定义，是由乔治·斯蒂格勒在他那本备受推崇的微观经济理论的教科书中提出的。斯蒂格勒说："然而，对于一个经济体来说，一个士兵的成本就是他所放弃的作为一个公民的产出，而这并不直接受其工资率的影响。"参见George Stigler, *The Theory of Price* (3rd ed.; New York: Macmillan, 1966), p. 106。

价格作为边际机会成本近似值时与配置效率的相关性。当然，只有在资源服务是通过正常的契约安排来购买的情况下，这一分析才是有价值的。

犯罪的成本：另一个例子

直到最近，经济学家才开始关注犯罪和惩罚问题，但这一问题有望成为相当重要的研究领域。已有不少研究将经济分析扩展到罪犯行为中的决策以及执法机构的决策问题，而这两类显然都是市场均衡情境之外的决策问题。我前面的讨论表明，任何可由经济学家加以客观化的成本，并不一定与那些真正作为决策障碍的成本相关联。对这一事实的认知，也并非完全否认经济分析的有用性。在大体方向上，经济学家所量化的成本可能与抑制选择的成本有关。在这种情况下，客观化成本在量上的变化（例如，定罪概率与惩罚严厉程度的变化）可能会影响罪犯实施的犯罪行为数量。在这里，只有当人们试图为政策制订更明确的规范如讨论最优或有效状态所需的条件时，才会出现严重的问题。

加里·贝克尔最近一篇精彩论文中的一部分内容可以作为此处的例子[1]。在讨论最优化条件的那部分中，贝克尔指出，如果逮

1　Gary Becker, "Crime and Punishment: An Economic Approach," *Journal of Political Economy*, 76 (March-April 1968), 169-217.

捕和判罪成本为零，那么，对罪犯实施的惩罚的边际价值应该会等于犯罪行为所致损害的边际价值。诚然，这是一个有限制条件的模型，但即便如此，贝克尔的这一结论也只是在对潜在罪犯的选择行为作出特殊假设的情形下才成立，即必须有这样一个假定：在考虑是否实施犯罪行为时，罪犯根本不会顾及这一行为对别人施加的损害；同时还必须假定，给别人造成的损害不会构成罪犯的决策障碍，即它不是影响其选择的成本的一部分。不管出于何种原因，如果这一因素作为真实成本的一部分影响了罪犯的决策，那么贝克尔提出的准则就显得矫枉过正了。贝克尔条款的实施，可能会阻止一些符合“社会利益”的犯罪。（这一分析类似于前面章节提及的对庇古规范的分析。）或许更重要的是，最优的犯罪量可能出现于边际惩罚远低于给他人造成的边际损害之时。换言之，对于那些把给他人造成的损害考虑进自己成本中的罪犯来说，“不值得犯案”的那一点可能出现于经济学家所标示的净利润消失的那一点之前。

成本概念的澄清对于犯罪活动来说可能有着某种有趣且重要的政策含意，甚至对那些不管因何理由而被认为有犯罪嫌疑或不道德的非犯罪活动来说亦如此。对给他人造成的潜在损害的考虑，或事实上对犯罪决策的任何道德约束，会随着计划实施的犯罪行为的地点和影响范围不同而不同，从这一点上讲，犯罪的机会成本也会随之发生变化。因此，我们可以想像得到，由于对犯罪行为人的道德约束，那些发生在罪犯常住的当地社区，针对与其有紧密联系的人实施的犯罪行为，通常会有更高的（决策）成本障碍。由此可以推断，在这种情形下，为达到一定程度的威慑力所需要的罚金或惩罚要比在其他情况下的低。也就是说，在本地所犯罪行应该承担的处罚，要低于在当地社区外针对“外地人”犯下相同罪行的处罚。从这一推断中还可推出其他类似的政策含意。一般来说，对于同类犯罪行为，小城市里的处罚程度和罚金可能要比大城市低；而且，重要的是，针对同一种族或宗教群体的人或财产所犯的罪行，比起针对与罪犯不同种族或宗教群体的人的同样罪行，罪犯所受到的惩罚可能要更轻。

人造的选择过程

到目前为止，我们忽略了将影响选择的机会成本的基本配置含义扩展至市场过程之外的决策时存在的最严重的问题。前面的讨论限定在对非市场情境下的成本含义进行考察以及对成本进行估计时存在的困难。这里并没有提及选择问题本身，虽然第四章曾对此作过简要分析。

在前面讨论的军事人力的例子中，我们在未经严格检验的基础上作出假设：如果可对成本进行某种形式的估计，那么最终作出的选择就会建立在这些估计的成本基础之上。然而，这会从选择行为中将所有行为的内涵抽掉，而对“真实成本”与“影响非市场选择的成本”之间的区别进行澄清也显得格外重要。这里要强调的基本观点是简单的：与决策过程相关的成本，必定与所作的决策相关。非市场选择的独特性质，使得其“成本”不同于市场选择中面临的成本。

对资源所有者来说，用任何一种方式来使用资源服务，都会有一定的成本；这种成本就在于资源所有者自己对所放弃的替代选择的价值评估，即作出决定那一刻的价值评估。这是内含在市场过程中的“真实的”机会成本，也正是这种成本，至少在行为调整的边际上，与最终产品的价格相一致，从而达到有效配置的结果。然而，在这一行为互动的过程中，所有的选择均由需求方和供给方作出，每一方都对自身行为的结果负责。决定将其服务用于A行业而不是B行业的资源所有者必须接受这一决策的结果。就他自己的效用会影响其行为这一点来说，他处于做出“正确”选择的压力之下，因为其效用大小将会受到“错误”决策的影响。如果市场上的决策者未能利用后来被证实为非常合意的潜在机会，那么他就会感受到机会损失。他会将那些“本可获得的”的体验作为自己的损失。

在非市场选择中则不存在这样的决策结构。如果使用资源的“真实成本”与“真实收益”都可加以度量（假设由可以轻易理解所有偏好函数的无所不知的观察者度量），那么，只有在实际决策者根据人造的选择准则采取行动时，才能确保非市场过程中资源使用的配置效率。这就是说，只有在实际的决策者不是像一个活生生的行为人，而是像遵循规则的自动化装置一样行事时，才会产生配置效率。这其中的区别已得到广泛的认识，就如同亚里斯多德对私有财产的辩护一般古老。然而，经济分析的核心内容却仍未有效且严谨地吸纳这一要点。我认为，这种情况的存在，很大程度上是因为基础性的成本理论中存在着混乱。直到最近，在那些提出产权经济理论基本原理的学者（如阿尔钦、科斯、德姆塞茨、麦基恩和塔洛克）的著述中，我们才发现了对预期结果与在其中作出选择的决策结构之间关系进行的明确考察。

社会主义计算与社会主义制度下的选择

那些参与了两次世界大战之间关于社会主义计算[1]可能性大论战的奥地利学派与准奥地利学派经济学家[2]——米塞斯、哈耶克和罗宾斯，都是推动机会成本理论发展的重要贡献者，他们都默认此处所强调的不同成本概念的基本区别。然而，由于这些人过于强调潜在社会主义决策者所面临的计算困难，他们观点中的这一具体内容被遮蔽了。当然，社会主义决策者面临的计算困难是极为重要的，而且正如经验所证明的，集中经济计划面临的信息问题确实也是严重的。然而，相对而言，对社会主义经济组织更为重要的批评在于做决策的困难。即使社会主义国家可以找到能进行完美计算的圣贤，所有的偏好函数都能显示出来，甚至所有的

1　这场争论发生在20世纪二三十年代，其讨论涉及的只是苏联早期完全摒弃市场的纯计划经济体制。——译者

2　Pseudo Austrians，表面意思为“冒牌的奥地利学派”，结合上下文语境，此处译为准奥地利学派，主要是指受奥地利学派经济理论影响、以罗宾斯为代表的伦敦学派。——译者。

生产函数都已被明确知道，也只有将实际的决策者转化为经济阉人[1]的情况下，才会出现有效率的配置结果。只有当这种人能够被激励着以不同于他们自身的成本标准做决策时，这种决策结构才能运行。这等于说，即使完全忽略经济计算问题，也只有在决策者能被训练成不按他们自己面对的机会成本进行决策的情况下，社会主义经济体系才能带来有效率的结果。

在外部不经济和外部经济的情形下主张庇古式矫正性税收和补贴的那些人所作出的隐含的行为假设，与认为社会主义组织可以产生有效结果的那些人所作出的隐含的行为假设之间，存在着非常明显的差别。正如第五章所指出的，为了能实现庇古式政策建议所标榜的目标，产生外部性的个人必定会按照使自己狭隘的经济利益最大化的方式来行事。其行为对他人而非自身的预期效用水平产生的效应并不会影响到他们的行为选择。相比之下，社会主义企业中理想的管理者则必须被假定为完全按照非个人主义准则行事。不允许他自身效用影响其决策；他必须按照从整个集体利益出发所预测的成本与收益来作选择；他在集体中的地位必须与集体中其他成员没有什么分别。庇古式的个人是最严格意义上的经济人（*Homo economicus*），而社会主义官员则是最纯粹意义上的非经济人（*non-Homo economicus*）。这两类人都只是对现实中的人所作的简单抽象，然而却存在于严肃得多的对现实世界政策的讨论中。

1　Economic eunuchs，此处是指在作出经济行为时完全不考虑自身利益的人。——译者

隐含在这两类相关文献中的行为假设之间的反差是很明显的。然而，就我们的目的而言，更有趣的是，它们的混乱竟然有着共同的根源。庇古的矫正性政策和理想的计划经济，都是成本理论混乱的思想产物，尽管它们的表现形式不同。二者都可从主张成本客观化的古典经济学中找到各自的根源。只有能对成本加以客观化，它们才可与选择相分离，也只有成本与选择相分离后，选择者身处的制度-组织安排才不会对成本产生影响。在社会主义诸多计划中，成本是由投入与产出的客观物质关系中推演出来的。这些成本可以从外部度量，而这些度量则可以为给企业管理者制定的规则提供基础。只有当公众消费者通过自身的行为形成需求价格之后，价值评估才会进入计算中，而这种需求价格一旦形成，就将变成一种客观现实。在计划经济下，必然影响每个选择的主观评价被忽略了。

官僚选择中的成本

官僚决策者也是人。这一简单的事实，直到现在才开始在官僚理论中得到认可。[1]面对诸多选择机会的个人必须作出选择，而阻碍决策的成本，是决策者自身对于必须放弃的替代机会的价值

1 参见Gordon Tullock, *The Politics of Bureaucracy* (Washington, D.C.: Public Affairs Press, 1965)。

评估。人们可以制定出相应的规则，以指导个人选取反映潜在经济现实的相应准则。在一个完全确定的世界里，不存在决策问题。这时，一台计算机就可以作出所有“选择”，如果真有“选择”存在的话。导致成本客观化谬误的一个关键混乱，就在于将竞争性均衡理论的完全知识假设，延伸至市场过程或非市场过程的非均衡选择分析之中。只有在不确定的世界中，人们才会面临真实的选择，而所有的经济选择也必然是在这一情境中作出的。任何对于官僚选择的分析，都必须建立在对这一简单事实的认知基础上。

建立一个尽可能简化的模型对于此处的分析是有帮助的。假设某个公务员必须在仅有的两个行动方案 a 和 b 之间作出选择。这两个方案的内容可以是任何东西，包括生产 n 或 $n+1$ 单位的产出。两个外部事件 x 和 y 中的一个可能会伴随这一选择行动发生。同样，这些外部事件可能以任何形式呈现出来，包括消费者的边际需求状态。我们进一步假设，在四种可能的结果下，集体的总报酬都可准确地估计出来，并且它们都可以由图3四个区域中数值较大的数字来表示。[1]

至于选择方案 a 还是方案 b，取决于决策者赋予事件 x 或 y 的主观概率。我们假设选择主体为每一个事件赋以相同的概率。显然，从算术的角度看，方案 a 给整个集体带来的预期价值要大于方案 b。然而，随着概率系数从（0.5，0.5）变为（0.4，0.6），方案 b 给集体带来的预期价值将会大于方案 a。在真正的不确定性情况下，决

1　这些估值必然是事前的：作出选择之后，实际上只能观察到一个结果。

	x	y
a	100	20
	(6)	(2)
b	50	60
	(4)	(5)

图 3

策者必须为外部事件赋予此类主观概率；这里不存在任何可加以客观决定的概率系数集。一旦认识到这一情况，我们就会很清楚，不存在任何方法可在选择作出之后从外部对选择主体的表现加以评价。当面临相同的选择组合时，两个单独的个体可能会作出不同的选择。这里不存在独立于决策者所赋予的主观概率的所谓“正确”选择。在我们的例子中，其中一个选择者可能会放弃方案 b，因为它的成本超过了预期收益；另一个人可能会因为相同的原因放弃方案 a。外部观察者或审核员没有办法在事后确定两个人中的哪一个更严格地遵守了“规则”。

对非市场决策效率进行评估的困难表明了，不管所作决策如何，为了保证选择主体个人有按照“社会”最大化准则行事的激励，可以对有关报酬和惩罚的制度模式进行调整。这意味着要为符合“公共利益”的个人行为提供事前的激励，而不是在事后对结果的判断或审查做错误和无望的努力。在决策者所面临的成本–收益结构与整个集体具有的“真实”成本–收益结构之间进行协调的必要性，如今已在理论和实践中得到广泛的认识。

然而，这种制度手段毕竟是有限的，而且出于诸多原因，它也不可能完全解决非市场的经济选择中存在的困境。由其本身的性质所决定，非市场选择不可能复制市场选择，除非前者的所有权–责任模式与后者的完全吻合。当然，这样的话，两者之间的所有制度差异就被消除了。

假设个人的成本–收益结构如上述例子图3中括号内的数值所示。至少在排列顺序上，决策者的相对报酬与集体的相对报酬一致。然而，如果他赋予事件x和y相等的主观概率，那么他自己的成本–收益计算结果将会促使他选择方案b而非方案a。当然，为了显示这一结果，数值的排列是经过有意设计的，但是很明显，决策者个人的报酬结构与整个集体的报酬结构在排列顺序上相一致，并不足以保证选择结果的一致性。

为了使个人与集体之间的成本–收益结构相互协调，比例法是一个不错的建议。如果决策者的个人报酬（正值或负值）与整个集体的报酬严格成比例，那么，根据期望价值准则所作的选择就可以带来所要求的协调。在这一点上，将期望价值最大化作为个人选择行为规则时，其适用性必然会引发疑问。可以明确的是，只有当个人不会从风险承担中得到效用或负效用，且其收入的边际效用在相关结果范围内保持不变时，个人才会使现值最大化。如果个人收入的边际效用在这个范围内是递减的，且选择者既非风险规避者亦非风险偏好者，那么他将会倾向于偏好两种选择中更为安全的那一种；在图3的数值说明中，一定的非金钱性差异使得决策者更偏向方案b。随后出现的问题是，对于自身报酬与整个集体的报酬成比例的决策者，他所面临的这种非金钱性差异，是否与“理应”影响站在集体角度所作决策的非金钱性差异相同。正如多马和马斯格雷夫在另一种情境下所指出的[1]，相比个人在完全所有制下可能得到的报酬，当个人的报酬结构只是一定的比例份额制时，他会倾向于实施更多的风险行为。其原因是明显的。由于非金钱性差异的产生仅仅是因为收入的边际效用递减，因此，结果变动范围在比例份额制下要比完全责任和所有制下更小这一事实，必然会使得非金钱性差异变小。

另一个重要的因素则会在相反的方向上起作用。给定个人报酬只占集体报酬一部分这样一种结构，对于决策者来说，不同选择的期望价值之间的绝对差异要小于整个集体中的这种差异；而且两种不同选择的机会成本间的差异也更小。鉴于此，相较于市场选择的情境，在官僚选择的情境下，行为者对于基础条件变化的反应似乎更为迟钝。在后一种情境下，决策者不可能以在市场选择情境下那样的敏感度来感受信号的变化，理由很简单，在市场选择的情境下，信号作用会更加强烈。如果我们也能认识并考虑到，通常情况下人们的行为会具有阈值敏感反应（threshold-

---

1　E.D. Domar and R.A. Musgrave, “Proportional Income Taxation and Risk-Taking,” *Quarterly Journal of Economics*, LVIII (May 1944), 388-422, reprinted in American Economic Association, *Readings in the Economics of Taxation* (Homewood, Ill.:Richard D. Irwin, 1959), pp. 493-524.

sensitive response），这种行为上的差异甚至会变得更加明显。[1]

这些不同的因素都强调了这样的事实：决策者的成本–收益矩阵与集体的成本–收益矩阵成比例，并不能确保官僚选择情境下的选择结果会接近于市场选择的结果。在这两种决策结构下，选择主体所面对的成本必定具有内在的差异，而正是这种差异构成了如何在非市场选择情形下获取效率的基本问题。

1 德夫勒托格勒曾令人信服地指出，所有的人类行为都必须根据阈值敏感模型来进行分析。参见 Nicos Devletoglou and P.A. Demetriou, "Choice and Threshold: A Further Experiment in Spatial Duopoly," *Economica*, XXXIV (November 1967), 351-71。

附录一[1]
成本与选择：奥地利学派的观点与传统的观点

E. C. 帕苏尔[2]

产品价格与生产成本之间的关系是当下的头版新闻。卡特总统在1976年总统竞选期间向农场主保证，他的政府会将农产品价格提高到足以弥补生产成本的上涨。一年后，在总统的家乡乃至全国，都有农民在游行示威，就农产品价格和生产成本之间令人不快的关系提出抗议。

对于在生产成本基础上设定的电力、石油、天然气和其他能源的价格，也有广泛的不满情绪。基于成本的政府价格干预，要

1　附录一、二均非原书所有，为译者选入，方便读者理解本书思想。附录一来自E. C. Pasour, "Cost and Choice: Austrian vs Conventional views", *Journal of Libertarian Studies* 2, No. 4(1978): 327-336。——编者

2　E. C. Pasour Jr.，美国北卡罗莱纳州立大学经济学与商业系农业与资源经济学荣休教授。

求将成本计算出来。政客和大多数经济学家（奥地利学派成员除外）都假定，与生产决策有关的成本实际上是可以确定的。然而，传统经济学家、政客和广大公众很少关注到外部观察者在确定生产过程的成本时面临的困难。本文试图说明，影响选择的成本，在本质上是主观的且不能加以客观度量，并强调这对于真实世界经济活动中的经济规制和效率测度具有重要意义。

本文的主要目的是对奥地利学派的成本概念与传统的成本概念进行比较。传统新古典经济理论选择逻辑框架下的成本与和个人决策有关的主观成本间呈现出明显的差异。本文将说明，奥地利学派主观主义成本概念是合理的，因为它与个人选择相联系。本文还强调，把客观估计的“成本”作为评价观察到的市场行为的规范性标准，是有其局限的。这些结论的含义与涉及成本的诸多政策议题和问题息息相关。

成本的性质

奥地利学派（和事实上所有其他的）经济学家从机会成本的角度来给成本下定义。任何一个决策的机会成本，都体现了由于做出该决策而放弃的机会之价值。成本涉及了决策者意识到的对可行机会的牺牲。例如，度假旅行的成本，就是决策者赋予汽艇、冰箱或其他替代选择（一旦选择了旅行，就必须放弃它们）的价值。

机会成本强调决策者选择的行动与所放弃的机会之间的关系。“成本等于人们对为达到意图实现的目标而必须放弃的满足所赋予的价值”。[1]这种影响选择的成本建立在决策者的预期基础上，且不能为他人所发现。也就是说，没有其他人可以准确评估决策者所牺牲的替代选择的价值。因此，正如奥地利学派所认识到并强调的，任何活动的机会成本在本质上都是主观的。

“成本是主观的”这一认知，对于经济分析者来说有着深刻的含意。由于成本是决策者在作出选择那一刻所体验到的，这就意味着外人无法对与实际决策有关的成本进行客观度量。因此，虽说传统经济学家和奥地利学派经济学家共同接受了以所放弃的机会来定义的成本概念，但它只是与奥地利学派的主观主义基本方法相一致。

传统新古典经济学家隐含地假设成本是客观的，即生产成本可以由外部的观察者来确定。在新古典理论中，生产中所用资源的市场价格，通常被看做对机会成本的估计。例如，生产谷物的“成本”，是通过将生产一蒲式耳（约合35.239升）谷物所需的土地、劳动力、肥料和其他投入的市场价值相加而得到的。

然而，事前的计划过程不可避免地会牵涉到企业家的主观判断。将生产中的支出相加是一个客观的程序，但是它却没有提供

1　Ludwig von Mises, *Human Action* (Chicago: Henry Regnery Co., 1966), p. 97. 与奥地利学派“主观主义经济学”紧密相联的罗斯巴德，也强调了成本的主观性质。他说：“首先，必须强调这些成本是主观的，且不能由外部观察者度量或由实施监督的会计在事后进行估算。” Murray Rothbard, *Man, Economy and State* (Los Angeles: Nash Pub. Co., 1970). p. 291.

有关影响企业家行为的相关生产成本的信息。正如上述例子所述，某一投入的市场价格与该投入对企业家而言的机会成本可能会有相当大的不同。我们来考虑一下谷物生产中归结为土地的这部分成本。谷物生产中的土地成本，是为生产谷物而放弃的将该土地用于其他最好用途的机会的价值。然而，由其性质决定，成本必然与选择相关，而选择是不能预先确定的，也是仍需要作出决断的。[1]用于谷物生产的同样的土地，对于琼斯和史密斯来说，其成本可能非常不一样。例如，对琼斯而言，将一英亩土地用于种植大豆（最佳替代用途）可能预计将获得30美元，而史密斯对大豆收益或价格有着更乐观的估计，预计可能达到50美元。这样，即使琼斯和史密斯为土地付出同样多的租金，用于谷物生产的一英亩土地，对琼斯来说机会成本是30美元，而对史密斯来说则为50美元。

这个例子表明了一个事实：就对企业家决策（选择）的影响而言，土地（和其他投入）的成本在本质上是主观的。这就解释了为何琼斯会选择生产谷物而史密斯会选择生产大豆，即便常规的企业成本收益预算可能显示每个生产者的成本都相同。此类预算通常会假定收益和价格都是给定的。当然，在现实中，企业家必须对收益和价格做出自己的估计。生产决策建立在只存在于决策者大脑中的机会成本基础之上。既然选择是在各种想法或想像

---

1 J. M. Buchanan, “Is Economics the Science of Choice?” in *Roads to Freedom -Essays in Honour of Friedrich A. von Hayek*, E. Streissler (ed) (New York: Augustus M. Kelley, 1969).

的事物间进行的，外部观察者就无法确定这些主观的评价。[1]

我们再来看第二个例子，以说明为何在不确定性条件下事前的计划过程除了涉及算术计算能力之外还涉及企业家的主观判断。关于未来的需求和成本状况的预期，会影响企业家关于是以现有厂房、机器和设备继续生产还是对生产设施进行重大调整的决策。这些预期会决定预估的折旧（包括设备淘汰），从而决定对利息和折旧的补贴。在这里，外部观察者同样无法确定影响企业家决策的有关成本。外部观察者对折旧和利息成本的估计，必然以历史成本或观察者自己的机会成本估计为基础，而这些成本可能与企业家所感知的机会成本毫无关系。[2]

哈耶克强调了这样一个观点，对未来的变化进行预测，是一种企业家功能，且必然是主观的。“任何时期的成本都绝不能被说成是仅仅取决于当时的价格……事实上，现实世界中几乎每一项关于如何生产的决策，都至少部分取决于人们对未来的看法。”[3]

---

1 “选择必定是在各种想法之间以及各种想象的事物之间进行的。因为，当体验是真实的且正在进行时，在观念的领域之外，它就是唯一的，也是已经选择过的。” G. L. S. Shackle. *Epistemics and Economics: A critique of Economic Doctrines* (Cambridge: Cambridge University Press. 1972). p. 130.

2 沙克尔清楚地论证了成本与企业家预期之间的关系。“无论是物质财产、企业设备还是作为整体的经济社会，如果它们没有融进与利益、命令或欲望需得到满足的特定人、特定时间和特定地点相关的技术、组织以及行动计划中，那么它们的价值也就仅仅表现为最为普通的物品或场景特征……从这些不相关联的碎片提取的建议组成的所谓‘事实’，最多就像一些用作马赛克的彩石或玻璃。对这些分散的碎片进行细微的意外重组，就会出现新的可能性……” 同上，第428页。

3 Hayek, *Individualism and Economic Order* (Chicago: University of Chicago Press, 1974), p. 198.

正如后面将说明的，预期是主观的这一事实，为企业家选择的经济分析带来了难以克服的困难。

在新古典经济理论中，收入和成本被假定为是已知的。它所强调的重点在于给定成本和收入情况下的利润最大化逻辑。在这些数据给定的情况下，利润最大化只是一个客观的程序。[1]反之，奥地利学派的主观主义分析方法则强调这样的事实：对于决策者而言，这类数据事实上不能假定为是给定的。在现实中，企业家的一个关键功能，就是在可选的生产计划或策略间进行选择时估算潜在的成本和收益。[2]阿尔钦曾指出，在不确定的环境下，利润最大化会失去其作为对可选行动方案进行选择的指导意义。[3]

奥地利学派与传统的新古典经济学家之间在成本问题上并没

---

1 沙克尔指出，在这样的理论中是没有选择的位置的。“在公认的西方经济学中，我们面对的最大化行为有一个根本性的冲突：人们都是选择者，他们每个人都为自己选择最好的，而每个人都总是知道什么是最好的，或者是通过对自身偏好的了解，或者是通过工程技术，在没有准确知识的情形下，或通过运用统计方法将具体的无知转化为总体性的知识……这样我们就有了这种情形下的行为主体：对他来说，什么是‘最好的’仅为他自己所知，而且这种知识是确定的；如何获取这种知识，是由环境来决定的，也可由环境来推知。那么，在这种情况下，留给他的是什么样的选择呢？” G. L. S. Shackle. *Decision, Order and Time in Human Affairs* (Second ed., Cambridge: Cambridge Univ. Press, 1969), p. 272.

2 Israel M. Kirzner, *Competition and Entrepreneurship* (Chicago: The Univ. of Chicago Press, 1973).

3 “根据定义，在不确定的条件下，每一个可能选择的行动都会涉及到潜在结果分布问题，而不是只涉及唯一的结果……需要指出的是，每一个可能行动都会涉及潜在结果的分布，如果已采取了某一行动，那么只会产生一个结果，而那一结果是不可预见的。任务实质上就转化为做出一个决策（选择一项行动），而其潜在结果的分布是更可取的，即选择有着最优分布的行动，因为并不存在诸如最大化的分布这样的东西”。A. A. Alchian, “Uncertainty, Evolution and Economic Theory”, *Journal of Political Economy*, 58 (June, 1950). p. 212.

有明确的区分。事实上，在成本问题上，相比于跟传统的新马歇尔客观主义传统的关系，一些通常不被视作奥地利学派的经济学家倒是与奥地利学派的主观主义传统更为接近。布坎南和科斯就是典型例子。布坎南与瑟尔比近期编辑了一本为主观主义成本观辩护的书，[1]该书囊括了一段时期里被称为伦敦学派的经济学家（罗宾斯、哈耶克、爱德华兹、瑟尔比和怀斯曼）的相关论文，其中就包括科斯的一篇论文。

科斯的论文是他在1938年为《会计师》（*The Accountant*，英国的一本出版物）杂志撰写的一系列论文的缩写版本。在这些论文中，科斯清晰地阐明了成本的主观主义性质给会计人员带来的困难。他指出，决策者的成本包括对于不确定的未来结果的事前价值评估。由于未来总是不确定的，每个人对于未来结果的价值评估都会不同，而这种评估也会受到包括对风险的态度在内的诸多因素的影响。结果，影响选择的成本就会失去其客观内容。正如科斯写到：

> 没有一项决策可以被看作是独立于经营者风险承担态度的利润最大化行为。进一步说，决策的正确性并不取决于后续发生的事件。如果经营者着手做某件有一定风险的事情，他肯定认为它的收益机会值得他去冒险，至于最后他是成功

1　J. M. Buchanan and G. F. Thirlby (eds.), *L.S.E. Essays on Cost* (London: Weidenfeld and Nicholson, 1973).

还是失败，则与他的（风险）偏好无关。[1]

虽然在科斯早期的著述中明显有着成本主观性质的论述，但是当讨论与新古典价格理论的经验应用相关的问题时，科斯没有贯彻这类著述中的成本含意。

含　意

无论是在理论层面还是在经验层面，对主观成本观和客观成本观加以区分都有很多具体的含意。

方法论

在经济学教科书中，奥地利学派对于成本理论的处理迥异于传统的新古典经济学派。鉴于影响选择的成本在本质上是主观的，新奥地利学派撰写的经济学教科书很少使用成本曲线。罗斯巴德在《人、经济与国家》这部杰作中，对奥地利学派与其他经济学家成本概念的区别做了如下论证：

值得指出的是，在这本书中，没有充斥于近期几乎所有

1　同前，第104—105页。

> 新古典经济学著作中那种混乱的“成本曲线”。这一忽视，我是有意为之的，因为在我们看来，往最好的方面说，成本曲线是多余的（因而会违背奥卡姆剃刀的简单性原理），往最坏的方面说，它则是容易产生误导的和错误的。[1]

在成本理论上，奥地利学派经济学家的方法论进路与他们处理一般经济理论时相同。他们强调经济选择的逻辑理论，并否定对经济假说进行经验检验的价值。正如柯兹纳在解释米塞斯和其他现代奥地利学派经济学家的分析方法时所说：

> ……对通过抽象知识获得的定理进行经验确证，既不可能也无必要。说它不可能，是因为在人类行动的领域，并不存在常量；因此，在确保同时没有其他变量变化引起扰动情况下，要探究一个变量变化的后果，是不可能的。另一方面，对经济定理的确证也是不必要的，因为这些定理本身就描述了假说性条件所隐含的逻辑关系。这些关系的正确性，可以通过考察形成这些关系的推理来加以检验。[2]

在有关预测和假说检验的问题上，奥地利学派与传统经济学家之间存在着观念上的根本区别。对柯兹纳评论中所体现的这

1 Rothbard, *Man, Economy and State*, p. 529.

2 Kirzner. “Divergent Approaches in Libertarian Economic Thought”, *Intercollegiate Review* (January-February, 1967), p. 107.

些差异的一般讨论，超出了本文的范围。然而，在本文主题的情境下，外部观察者无法对与机会成本相关的假说加以检验，这一点应该是清楚的，因为只有决策者本人才能对所牺牲的机会进行评价。

比如，考虑这样一个例子。一个外部观察者试图检验“琼斯坐公交车的交通成本低于驾驶汽车的交通成本”这一假说。显然，分析者无法确定与某一具体交通方式相联系的相关成本（即所牺牲的机会）。例如，对灵活性（便利性）和花费在路途的时间等等赋予的价值是多少？当经济分析者在武断地为这些变量赋值时，我们没有理由认为，这些价值与决策者所体验到的真实机会成本相一致。于是，这一分析结果就不能作为规范性目的的依据。从这一分析得出结论说驾车者需要通过改变交通方式来减少成本，也是站不住脚的。

在传统的新古典企业理论中，人们强调企业的利润最大化行为逻辑，并假定关于成本与收益的信息是给定的。这一理论重点关注均衡状态下边际及平均成本曲线与产品需求曲线之间的关系。

当资源具有专用性时，传统成本理论中一个通常未被明确认识到的问题就会浮现出来。大多数传统理论教科书分析的是非专用性资源的世界。然而，在真实世界中，土地、劳动力、生产设施和企业家能力都具有专用性且在企业之间各不相同。弗里德曼的价格理论著作，是少有的指出了专用性资源会对传统成本分析造成问题的教科书。

> 专用性资源的存在……使得我们不可能为特定企业不同产出界定平均成本，而这种产出被假定为与需求无关……以前面提到的铜矿为例：在没有关于交付矿产所有者的使用费或租金的相关知识情况下，其成本曲线是不可能算出来的；如果铜矿不为企业自己所有，矿产使用费或租金需交给矿主，而在企业自己所有的情况下，矿产使用费或租金也要归为成本。但是，矿产使用费明显取决于铜的市场销售价格，并且确定在平均成本等于价格这一点上……价格与平均成本相等……是通过资本市场运作或市场对专用性资源租金的确定而加于企业之上的。[1]

关于专用性资源的具体含意，后面还会有进一步讨论。尽管弗里德曼在教科书中明确提到了专用性资源的存在为传统成本理论提出了难题，但他还是没有认识到为获取成本曲线背后的成本数据所牵涉到的问题。

只要我们将关注点限定在选择逻辑之内，与成本主观性相关的问题就不会出现，而传统经济理论的很多内容也是与这一逻辑有关。例如，与成本有关的选择逻辑，会给决策者传递诸如哪些支出与当前的决策有关以及哪些支出是“固定成本”等相关信息。“让过去的成为过去”（let bygones be bygones）的法则，常常难以应用于真实世界的选择之中。“指导决策者应该如何选择，可能会

1 Milton Friedman, *Price Theory* (Chicago: Aldine, 1976), p. 147.

产生以他自己的标准衡量的‘更好的’选择”。[1]这样，应用于成本的选择逻辑就可以独立于成本决定过程来分析。

在很多时候，历史数据可以为企业家评估未来状况提供有用的信息。当下，有不少私人企业在历史经济数据基础上专门提供成本预测和（其他）趋势信息。然而，应该指出，企业运行的研究和经济计量研究至多只是能为企业家提供一些有用信息，不同的企业家对提供的数据会作不同的解读，而这些数据本身也丝毫没有减弱企业家功能的主观性质。

只要客观成本估计是作为被企业家使用的数据，而不是作为影响选择的成本，其使用就不会产生问题。然而，当新古典经济学将外部观察者做出的客观“成本”估计用于规范性目的，且假定这种估计体现了适用于当前决策也即适用于选择理论的成本时，就会出现严重的问题。正如前述生产铜的土地成本例子所示，我们没有理由期望新古典理论的客观成本估计与和选择行动相关的成本之间会有什么直接的关系。[2]

下面讨论的例子将说明，（为了规范性目的）将客观成本估计运用于选择情境，即用于确定“最优”价格和产出水平，以及用

---

1 “……这一逻辑就简化为经济原理，即这样一个简单的要求：为实现最大的产出，相同单位支出或投入的收益在边际上必须相等……如果潜在的选择者完全理解这一原理，他就会对替代选择进行更为仔细的权衡，他会以边际思维来考虑问题，继而会对机会成本进行价值评估，最后他会更勤勉地搜寻真正的替代选择。讨论选择的标准是有意义的，即使具体的选择只是以决策者的内部（主观）计算为形式来进行的。” Buchanan, “Is Economics the Science of Choice?” pp. 48-49.

2 J.M. Buchanan, *Cost and Choice* (Chicago: Markham Pub. Co., 1969), p. 35.

于评估企业和家庭决策的效率，是一个多么普遍的现象。奥地利学派对于将外部观察者所作的成本收益估计用于规范性目的这一做法的批评，是无懈可击的。在他们看来，这一做法是站不住脚的，因为与任何经济决策中的选择行动相关的成本都是主观的。也就是说，外部观察者不能获得对应于作出选择那一刻的客观成本估计。将客观成本估计视为对应于选择行动的成本，这一做法的不妥当之处，我们将通过三个不同情境下的例子来加以讨论。[1]

经济规制

在公共事业和其他“自然垄断”的规制中，企业成本的监督问题受到了极大的关注。美国全国的州公共事业委员会，都非常积极地从事电力、电话服务等公共服务的供给成本估算活动并以此作为费率设定的基础。此类活动建立在这样的假设基础上：基于竞争条件下通行的成本，政府规制机构有设定价格的客观基础。

为理解规制者在设定价格上所面临的问题，有必要理解企业家角色的性质。在公共事业的案例中，规制委员会力图确保这些

1　“如果将抽象的经济行为理论所假设的客观支付结构转用于直接指导替代选择的处理，那就是错误的步骤。这一程序必须假设真实世界中实际的决策者严格地像理论模型中的纯粹经济人那样行事。” Buchanan, “Is Economics the Science of Choice?” p. 60。穆尔豪斯以略为不同的方式表达了这一观点。“……社会现象本质上是主观的，人们根据他们对相关数据的看法做出行动。对外部刺激的主观评价，虽然不可观察因而不可量化，但也是经济学家要加以解释的重要现象”。John C. Moorhouse, “The Mechanistic Foundation of Economic Analysis”, *Reason Papers*, No. 4 (Winter, 1978), p. 65.

"自然垄断"行业收取一个由生产成本确定的竞争性价格（或收益率）。由于影响选择的成本是主观的且发生于作出选择的那一刻，影响企业家行为的成本便不可能从企业的会计"成本"记录中得到。强使公用事业（或其他"自然垄断"行业）将价格设定为与成本相等，无异于痴人说梦。[1]正如哈耶克所强调的，生产决策取决于决策者持有的关于未来和当前状况的看法，没有理由可以认为规制者的看法会与企业家一样。因此，如果想要使价格以"成本"为基础，就不存在一种客观的程序可以使规制者能够确定应该提高还是降低价格。

与此密切相关的是市场的性质。正如哈耶克所强调的，市场不仅仅是一种发现成本和价格并替代由中央指导确定的成本和价格的方式。竞争性成本只能通过竞争来决定。然而，众多经济规制都假定竞争性成本可以通过规制过程来确定。

考虑到成本度量存在的这些问题，当经济研究的结果表明规制委员会对于公用事业费率的效应几乎可以忽略不计时，一点也不足为奇。例如，斯蒂格勒和弗里德兰在一项开创性研究中，未能发现电力公用事业规制对于费率具有显著效果。[2]也许，在这些情形下，规制委员会在压低费率方面缺乏明显的效果对于消费者来说反倒是一件幸事。我们没有理由期望，压低当前费率（因而将未来的供给缩减到未规制的公用事业水平之下）的效应可以增

1 E. C. Pasour, "Regulation's Fatal Flaw," 10 *Reason* (October, 1978), pp. 26-30.

2 G. J. Stigler and Claire Friedland, "What Can Regulators Regulate? The Case of Electricity", *Journal of Law and Economics* (October, 1962).

进公众的利益，这一情形与当前对于石油和天然气价格控制的效应极其类似。这种控制将此类产品的生产和供给降低到低于市场决定的水平，从而导致了（至少是加重了）1976—1977年冬季的短缺状况。

成本的主观性质对所有以“公共利益”为名负责价格设定的规制机构都提出了同样的问题。然而，在有些情形下，问题与公共事业的情形又略有不同。在牛奶（和其他在政府价格支持下生产的商品）的例子中，价格被**有意设定为高于**竞争性水平。在对牛奶、其他农产品和最低工资等实施价格支持（价格被有意提高到高于市场水平）的案例中，价格设定中缺少客观基础的情况比公共事业的情形下还要更明显，后者公开宣称的目标就是以成本为依据来确定价格。如果价格不是处于竞争性的水平上，那么确定恰当价格的困难就与亚里斯多德及其他寻求“公正价格”的人所面临的困难一样。

价格被人为地提高到市场水平以上的牛奶和其他农产品案例，说明了另一个重要的观点。当通过政府法令将价格设定为高于市场水平时，产品价格的提高将会通过竞争性市场力量被资本化为专用性投入的价格，从而生产支出会提高以迎合收入的提高。用奥地利学派的术语来说，是牛奶的价格决定了牛奶的成本，而不是生产成本决定牛奶的价格。相应地，由于提高的产品价格将资本化为增加的生产支出，在所有涉及到专用性资源的生产情形下，以生产支出为基础来设定价格的努力都是毫无意义的。在这种状况下，成本的最准确估计值就是产品价格！

近年来，投入价格随着产品价格上升而上升的现象在农业地产中也有所呈现。我们可以看看1973年农产品的价格爆涨对于土地价格的影响。总的来看，美国农业地产的价值自1972年以来已经上涨了一倍还要多，然而，土地价格的上升，却不是食品价格高的原因。相反，对未来较高的农产品价格的预期成了农业地产价格攀升的原因。在1977年，更低的农产品价格削弱了未来预期从而也降低了一些州的农业土地价格。

对经济效率的评估

正如科斯在40年前所指出的，在不确定的环境下，企业家决策的正确性不可能取决于后续发生的事件的结果。但是，经济学文献中充斥着旨在度量经济无效率的例子。在这些文献中，所识别的无效率的根源是明确的，却与度量效率唯一恰当的标准——决策者的目标——无关。有意义的效率定义，意味着在给定的环境下决策者在决策那一刻没有其他更合意的选项。[1]一旦人们认识到选择的主观性质，那么很明显，就决策者在选择时刻所感受到的成本和收益这个角度而言，外部观察者不可能将任何行动或选

1 E. C. Pasour, Jr. and J. B. Bullock, “Implications of Uncertainty for the Measurement of Efficiency”, *Am. Journal of Ag. Econ.*, Vol. 57, No. 2 (May, 1975), pp. 335-339.

择识别为无效率或非理性。[1]

例如，对规制机构的成本和收益进行比较的经验研究，永远也不能证实此类机构在计划或选择的意义上是无效率的。与选择相关的成本和收益，是与项目启动时企业家的预期和目标有关的成本和收益。当然，这些数据是主观的，对于经济分析者来说，也是不能在事后得到的。如果可以将作出选择那一刻的预期收益和成本完全列举出来，那么规制机构将会是理性的或是有效率的。

近期的研究显示，正如经验主义者使用历史数据所表明的那样，FDA、FCC、FTC、ICC以及其他规制机构的表现恰恰事与愿违，是无效率的。[2]然而，这并非意味着它们在计划或选择的意义上是无效率的，因为正如科斯所强调的，不确定性条件下决策的正确性不能在事后确定，即不能由后续发生的事件来确定。

即使外部观察者永远不能根据对激励选择的成本和收益的度量来判定具体企业的行动是无效率的，经济分析者对企业家成功程度的评价也不是完全无助的。在一个不确定的世界里，有目的的行为和成功之间的关系可能是不明确的。成功有可能要归结为运气而不是更佳的动机或远见。阿尔钦曾提出以生存作为评价企

1 “人的行动必然总是理性的……行动的最终目的，总是行动人某些欲望的满足……事实上，人的推理不是不会犯错的，而是经常在选择和运用方法的时候犯错误。一个不适于目的的行动自然达不到愿望。这种行动有悖于目的，但却是理性的，即它是理性（尽管是错误的）考虑的结果，而且是一种达成某明确目的的（尽管是无效率的）企图”。Ludwig von Mises, *Human Action* (Chicago: Henry Regnery Co., 1966), pp. 19-20.

2 关于现有诸多政府规制机构问题很好的讨论，见 *The Crisis of the Regulatory Commissions*, Paul W. MacAvoy (ed.) (New York: W. W. Norton & Co., 1970)。

业成功的准则。[1]这意味着成功应该通过结果而非动机来进行判断。在市场经济中，实现的正“利润”可以作为挑选成功的和存活下来的企业的准则。如果货币损失足够大，企业就会被驱除出行业，而不管它的目标是什么。正如前文所表明的，有时成功是偶然的，而有时成功可归因于企业家的敏锐。然而，不管成功的原因是什么，那些在适应市场状况方面行动最为恰当的企业就会取得成功。

企业可以通过什么样的过程获得与成功有关的特质？由于企业总是必须在不确定的环境下运营，试错可能会发挥重要的作用。此外，无论我们在何时对成功的企业加以观察，都可预想到，带来成功的共同因素都会被寻求成功的竞争者复制。在对过去的（成功）结果进行解释时，经济学家可能会确定哪些特征对于企业存活是重要的，即使个体参与者并没有意识到它们。[2]但这并不意味着在现实中不存在有目的的行为。它确实意味着，经济学家可以挑选出成功的企业并预测提高税收和工资等的效应，而无需假设参与者了解成本收益曲线并根据这些曲线行动。

1　阿尔钦并不提倡“科学主义”，即不提倡经济学家模仿自然科学的方法。相反，他寻求加强对不确定和不完全信息条件下目的性行为的作用和性质的理解。哈耶克对生物学的“预测与控制”的评论，在经济学和社会科学中甚至更为适用。“对有机体成长和运行的理论性理解，只能在极少的情形下转化为对具体情形下会发生什么的具体预测，因为我们不能识别出对决定结果起作用的所有事实”。F. A. Hayek, *Studies in Philosophy, Politics and Economics,* pp. 33-34.

2　“我们不必假定，每一个企业都会像它拥有示意图或知道经济学家推演最优均衡状态所使用的分析原理那样行动……经济学家对人类进行研究这一事实，并不能自动保证赋予人类足够的远见和动机，后者是经济学家作为外部观察者或‘权威’在进行典型分析时所要求的。”Alchian, “Uncertainty”, p. 216.

在经济规制的体制下，经济学家根据成功来识别企业的能力严重失效了。在政府规制下，“利润”并不决定企业的生存，因为价格可以提高，税收也可以用于弥补损失。这样，我们就不能预设，在通过市场测试这一意义上来说，存活下来的企业是成功的。大多数通过公共部门来提供的产品或服务，都以需要政府补贴的价格来进行销售，指出这一点是非常重要的。

虽然“存活”为识别那些最为成功的企业提供了标准，但与成功有关的特质仍然是不确定的。不同的企业之间，在所有方面几乎都是相异的，包括企业规模、区位、资本设施和管理等方面的差异，总的来说，要识别出企业存活所要求的特质也是不可能的。例如，在一段时间里，经济学家极为关注企业“最优”规模的确定。然而，由于企业在时间进程中会维持在一定的规模区间，因此我们并没有理由可以认为会有一个“最优”的企业规模存在。

阿尔钦认识到，要确定更可行的经济关联类型，[1]对于经济学家来说殊为不易。要想分离出经济规制的效应，也是同样困难的。

经济规制：为何希望春天是永续的

马汉（Tibor Machan）指出，成本收益的经验研究并不能证明

1 “一个将存活者视为跟环境变化一致的无辨别能力的人，声称拥有可证实‘李森科’学说的证据。事实上，他所能拥有的，只是‘环境通过竞争性条件挑选存续所需的最可行表型特征’学说的证据。经济学家应该对经济‘李森科主义’保持警惕”。同前，第215页。

经济规制方面的努力是无效的：

> 从经验上提出的对具体规制方案的反对意见本身，不能证明一般的行动过程是错误的。如果研究表明此类努力或此类机构的行动是无效的，那又该如何呢？可能还有下一个行动。如果我们对一些政策内容加以实质性的改变的话，就更是如此。[1]

马汉的观点与上述关于事前与事后的区分密切相关。对任何决策加以评估时的相关成本和收益，都是在作出选择时适合该决策的成本和收益。作出决策时的预期净收益与项目结束时实现的净收益之间存在差异，这一事实并不意味着当初的决策是"错误的"。做出这样的判断（即决策是错误的），是以事后发生的事件为依据的。

决策的精明性必须以事前数据（即决策时的预期成本和收益）为基础。正如马汉指出的，存在着被公认为事与愿违的某一类规制，并不必然导致人们认为其他类型的规制在预期成本收益比率的意义上也是事与愿违的，或是糟糕的。为什么会如此？总是有可能还有更好的"规制"。加尔布雷斯（和其他人）将尼克松时代的价格控制未能产生效果归结为承担此项工作的人未尽心尽力。

1　Tibor Machan, "Costs and Virtue, the Debate on Planning", *National Review* (June 11, 1976).

对拉尔夫·纳德（Ralph Nader）和很多参与“消费者主义”运动的人来说，政府规制的根本问题在于规制者的散漫、笨拙和贪腐。按照这一观点，诸如ICC、CAB等规制机构本可以通过安排更合适的人在相应岗位来实现它们的目标。

有很多诸如此类的观点，让人们相信新的规制可以比现行的规制更为有效。规制的有效性，可以通过将规制从联邦层次转移到州或地方政府层次来改善，即通过让它“更接近人民”来改善。或者，进行反方向转移以避免地方或州政府官员的腐败，或将富裕的州和更穷的州之间的服务水平标准化。规制机构的管理，则可以通过增加消费者代表、清除繁琐的规则，以及考虑到更多样的消费者偏好、法规的自动废止、设立新的消费者权益保护机构等方法来改善。

由于政府规制可以以无数种方式实施，因此，对现有规制进行经验的成本收益分析并不能证明政府规制的观念不可信。例如，就在卡特政府公开宣称对航空管制不满的同时，它又通过发动一场“道义战争”对能源和医疗领域实施进一步的规制。政府规制在实现声言的目标方面曾经的失败，并没有给对尚未规制的领域进一步实施规制的势头产生什么影响。

总结与结论

无论在奥地利学派还是在传统的新古典经济学家那里，成本都是以牺牲的替代选择来定义的。后者认为成本可由外部观察者度量，而前者则强调这样一个事实，即只有决策者才能评价所牺牲的替代选择的价值。本文试图证明，对奥地利学派与传统的成本观加以区分是重要的，这一区分会影响到我们如何看待经济学家的角色。在传统的新古典经济学中，企业家的角色是实现成本"最小化"，强调的是给定手段在已知竞争性目之间的配置。奥地利学派分析方法则强调，对于企业家来说，关于手段和目的的信息不是给定的，在不确定的世界里，企业家的成功取决于他如何有效地控制和使用资源。

那么，可以调和正统的方法和奥地利学派的成本分析方法吗？只要传统的成本理论的任务是在选择的逻辑上进行分析，那就不存在什么问题。也就是说，只要成本理论是在决策者可以做出"更好选择"的逻辑体系来理解的，就不会有问题。当人们试图对影响企业家的成本进行估计时，就会产生问题。[1]

影响选择的成本不能由外部观察者来加以客观度量，认识到这一事实，为政府以成本为依据设定价格的努力提供了一个新视角，这些价格包括农产品、石油、医疗、公用事业等的价格。对这一事实的认识，使得这一点也变得清晰，即政府规制机构不能将价格建立在驱动企业家行为的成本基础之上。只要成本这一基本的主观性质没有被人们认识到，中央计划者、公共政策制定者、

1 "经济学家不能认识到，个人在市场或政治选择结构中实际作出选择时所依据的感知数据，与外部观察者所要求的客观数据在维度上是不同的，这直接引发了当前存在的方法论方面的混乱。" Buchanan, "Is Economics the Science of Choice?", p. 64.

消费者利益集团等就会继续要求政府规制提供它不能提供的东西，如与设定公用事业费率或产品价格有关的成本数据。客观的“成本”数据和成本估计，对于企业家来说通常是有帮助的，然而，我们不能忘记，客观的“成本”估计并不是影响个人选择的成本，因此它也不能用于规范性目的。

附录二
裁　定　者[1]

G. F. 瑟尔比

导　言

这是一篇关于建立在以下思想基础上的相关规则（rules）[2]的

1　英文原文来自：G. F. Thirlby, “The Ruler”, *South African Journal of Economics*, XIV (Dec. 1946): 253-276。——译者

2　Rule和下文的Ruler是本文两个重要的术语，rule在文中指的是微观经济学中企业决策应该遵循的规则或准则，内容包括下文提到的边际收入等于边际成本、价格等于边际成本或总收入等于总成本，本文统一将其译为“规则”；Ruler在文中则是指对该规则执行情况进行审查、监督和判定的人，在本文统一译为“裁定者”。——译者

论文[1]：一个工业企业的产出，应该调整到能确保收入（reverue）与成本之间存在一种确定的关系，即边际收入等于边际成本，或价格等于边际成本，或总收入等于总成本。本文并不是要质疑，是否有理论上的证据可以证明上述某个关系是应该实现的。本文真正提出的问题是，实际的成本/收入关系是否是一种客观的东西，这种客观的东西可以由该工业企业之外的专业权威人士进行仔细审查，以确定它是否与所期望的关系一致。[2]我在别处曾看到过这样的建议：如果某企业的“经理”未能执行指令以实现这种期望达到的关系，就应该解雇他。这里显然隐含着这样的意思，即有人可以观察并确认这种关系是否正在实现或已经实现。在本文中，我将这位专门的权威人士称为“裁定者”（the Ruler）。[3]除非我会明确说明我讨论的是某个特定的规则，否则“规则”一词将泛指上述这些规则。

本文提出的观点如下：此类关系并不具有上述隐含的客观性，因此，要将该规则加以运用是不切实际的。此外，运用该规则的建议也暴露出一个严重的问题，即没有考虑到管理任务的性质。这是一个明确的结论，因为无论规则的倡导者想要达成什么别的

---

1 本文的部分内容曾于1946年10月11日下午在南非经济协会开普敦分会上宣读。促使我写这篇论文的最终动因来自T. 威尔逊（T. Wilson）先生的一篇文章，“Price and Outlay Policy of State Enterprise” (*Economic Journal*, Vol. LV, No. 220, December, 1945)。这篇文章原本只是对威尔逊先生精彩批评的评论，但最终加入了对他本人观点的讨论。

2 相应地，本文与一个流行的观点相关，该观点认为，可以通过度量一个产业的“成本”来以某种方式判断该“产业”的“效率”。

3 因为他的职能是判定（measure）。

目的，他们的主要目标是确保资源的恰当管理：他们想把资源配置于正确的地方，以便以最佳方式尽可能满足每个人。

在本文中，我将首先讨论并详细说明管理任务的性质以及成本/收入关系是如何随着该任务的执行而出现的，然后考虑在“成本”和“收入”这两个术语具有本文开头讨论所隐含的含义以及具有其他含义的情况下，该规则是如何运用的。

计划阶段的管理：选址、布局和设备的选择

管理会发生在计划阶段。成本/收入关系以及与预期业务有关的最终预算会在计划阶段出现。计划的重点内容有工厂的选址、布局和技术设备的选择。最有效率的结构不是发生在技术给定的条件下，而是要取决于对未来市场形势的管理判断。选择与成本/收入关系之间是密不可分地联系在一起的。这一阶段的选择，是在不同的资源组合中进行挑选的问题：在作出最终的选择之前，管理者会在无穷尽的资源组合中挑选出一些来加以更仔细的考量。所考虑的可实现收入的组合，会涉及到预期的收入损失，而这种收入损失是在该组合没有发生的情况下本来可以实现的：潜在替代性收入的牺牲体现为成本。只有在考虑到所替代的机会时，一项旨在确保成本/收入关系的规则才可实现资源最优的组合和空间分配。但是，即使对负责寻找所有可能性的人来说，替代性机会也是难以捉摸的，且无法由他进行精确的度量。

例 证[1]

在对开普敦–惠灵顿铁路计划和运行进行审议期间，针对如何将该线路连接到位于两地之间的直线路线以南的斯泰伦博斯（Stellenbosch），引发了许多讨论和争议。人们提议的一个替代方案允许铁路路线发生偏离，以便能连接上斯泰伦博斯。但是，有人指出这一偏离可能会导致运载量的损失，而一条直达干线会从该线以北的重要谷物种植区获得这些运载量。换言之，在这一层面的考量中，从布局（或选址）意义上来说，这一结构组合（即连接斯泰伦博斯的路线）的成本中的一个因素，是来自北方的运载量的预期收入损失，而这一成本必须与来自斯泰伦博斯的运载量的预期收入相比较。其中一种结构组合有机会获得（来自谷物运载量的）一定收入，而如果采用另一种结构组合，则会失去获得这一收入的机会。

为了防止来自谷物种植区的这种运载量损失，有人建议该线路应该从开普敦出发沿着直达路线走一段距离（这样，北方的人们就不必为了到达这条线路而穿越流沙），然后再做些偏离。但是，由于这种安排会在一定程度上增加从惠灵顿到开普敦的铁路总长度，有人便提出反对意见，理由是靠近惠灵顿终点站的人更愿意通过公路直接运送货物。在这一阶段的讨论中，来自惠灵顿

1 关于开普敦和惠灵顿铁路的信息片段，来自特别委员会和其他官方文件的作证记录。详情参见 Votes and Proceedings of Parliament of the Cape of Good Hope from 1854 onwards, 尤其见 1859 的两份报告（Reports），附录（Appendix）2 (C. 1 and A. 6)。

的运载量的预期收入损失，可被看作是通过布局（或选址）意义上对技术结构的计划进行修改以保留谷物运载量的成本的一部分。

提供给斯泰伦博斯的另一种方法旨在避免损失两种运载量中的任何一种，即大约在直达干线的中间位置修一条短的支线。这个建议再次提出了运载量减少的问题——例如，线路以南的人如果使用该支线，去开普敦将需要经过更远的路程。然而，我已经充分说明，从一种意义（即布局或选址的意义）上说，必须假定这些影响如何与结构的选择相互关联，而在这一点上我只想表明，在选择技术设备的另一种意义上，它们是如何相互关联的。有人建议，如果用一条支线来代替路线偏离的方案，可以采取有轨车（可能是有轨马车）的形式，而不是装备主干线使用的标准设备。很明显，该建议的要点是，收入可能不足以证明使用比有轨车所需成本更高的资源是合理的。

我们无需关心最终达成的决策：我们应当关注的是对决策起作用的影响，并理解这些影响在资源恰当分配这一问题上的意义，特别是"从'成本'中忽略已失去的机会"的意义。

从"成本"中忽略已失去的机会

我知道，当我说这句话的时候，有些人心里会想："我们感兴趣的，不是成本的这个方面。我们感兴趣的是易变现资源数量意义上的成本，这些易变现资源是我们最终决定要投入企业的，即，将要流入的货币。”在这一点上，我必须简要地加以解释，以缓解这种不耐烦。我将简单地假设（假装），为铁路项目处置易变现资源的人，同时也在考虑将同样的资源用于开设和经营连锁酒吧来作为替代投资。那么，将易变现资源投入铁路项目的成本，必然与从这个替代性机会中预期获得的收入相关。但是，把注意力限制在这一层面的考虑，将得以避免把注意力转移到所有与选址、布局和技术设备的计划有关的错误判断。

显然，即便在任何具体的考虑层面，人们可能遵守并且正在遵守规则，但是，对规则的遵守，意味着人们的偏好可能会因生产要素的组合或空间分配不适当而遭到扭曲，除非在“成本”中考虑到了决策者失去的机会，而这些机会或是决策者从未注意到的，或是决策者注意到却忽略了的。例如，如果通过使用一笔要素和资金，以一种方式或在一个地方A，预期会得到收入100，以另一种方式或在另一个地方B，也获得收入100，而以第三种方式或在第三个地方C则获得150，但是，如果C被忽视或没被注意到，结果选择了A（没有明显的原因！）而不是B，成本（在预期替代收入的意义上）将是100，此时成本等于收入。然而，如果将选项C纳入选项A的考虑范围，成本就将会是150，即高于收入100；如果把预期货币需求的相对强度作为标准，要素和货币将在用于C而不是用于A时更为“有效率”，在选项C那里，成本是100而收入是150。当然，这并不是说，与忽视机会相关的“无效率”仅限于受规则约束的项目；只是说，规则可能无法确保这种情况不会发生。这种情况必然会发生，因为没有人是全知全能的。

在一定范围内，人们可依赖他人的监督来作为防范措施。

铁路的例子并不是一个特殊的例子

可能有人会说，我提到的解决铁路路线问题是关于铁路项目的特殊问题，与其他项目没有什么关联。这种说法当然是不正确的。如果把这个问题看作是类似于解决不同类型的工业工厂的选址问题而不是布局问题，那么这种关联将会非常明显。选址问题是一个在不同的地理位置和——在预测随时间流逝而发生的变化时——不同的时间点上判断相互冲突的力量的问题，这些相互冲突的力量，有的是不同的要素供应价格，有的是不同的产品需求价格。另一个问题——设备的选择——是一个在许多工厂中可能会不断重复出现的问题，它不仅在需要新（或更新）设备时会出现，在产出种类或数量的预期变化提出应该使用新设备还是旧设备的问题时也会出现。

回避问题的倾向

为了回避这个问题，人们可能会说，无论如何，技术结构的计划问题是由“经理”之外的人来解决的，而“经理”所考虑的成本/收入关系则是要加以仔细审查的；对他来说，工厂只是他责任范围之外的技术资料。这在某些场合、某种程度上来说是不错的，但是，这样只是把成本/收入计算的责任[1]转移到一个具有更高权威的人士身上，而此类权威人士的活动以及他和“经理”之间的关系仍然有待于讨论。在这些问题上仅进行抽象讨论的经济学家，在企业管理方面同样只是进行抽象讨论。

经济学家有着回避或者忽略结构的选择问题的倾向。[2]他们当中的一些人认为，围绕这些问题的考量开展的案例讨论，具有技术上而不是经济上的重要性。[3]在“短期”成本/收入的理论讨论中，结构的选择往往被隐藏在被称为“企业家的固定成本”的这个模糊概念后面。在关于“长期”的讨论中，仅仅假设“企业”或“企业家”会选择或已经选择了一个最优结构，这并不能使我们对引发选择的因素以及与选择紧密相联的成本/收入关系有很好的理解，而这些相关的成本/收入关系是极其主观、不确定且易错的。在下文中，我还会提及“固定成本”“短期”和“长期”这些概念。但我必须首先提请注意另一个达不到规则要求的“无效率”因素：在大型的工业企业内部，由于分散的管理要素间的松散协调而产生的问题——即，在一个企业中，管理任务由许多人来分

1 以及被免除的责任——被谁免除了？

2 参见威尔逊先生的观点：勒纳（Lerner）先生在《控制经济学》中未及讨论“另一个问题，即确保资源使用的技术效率问题，这一问题也可部分地看作是经济问题”。（T. Wilson，出处同前）

3 该表述是由本人的经验启发的。

摊，而这需要以某种方式来进行协调。[1]

松散的协调

这表现为无法使一个人所拥有的知识影响另一个人的活动，从而影响理应由他们共同作出的决策。[2]

例 证

假定在某一企业中原材料的购买、产品的制造和销售由三个不同的人控制，他们分别是独立的采购、生产和销售“部门”的负责人，这三个人的活动由一个三人委员会来协调，该委员会是其下属成员的上级。采购（以确定的价格，或在一定的价格波动范围内）、每单位时间的生产量和（以一定价格进行的）销售都已做好计划，并且正在根据委员会制定的常规指令执行该计划。但

1 有人可能争辩说，相同或相似的缺乏协调的情况，也会发生在一个人的头脑中。但是，我更倾向于以分立管理的难以捉摸的“不经济”（diseconomy）这一形式来分析这个问题，而“预算控制”可能在一定程度上抵消这种“不经济”的状况。参见 G. F. Thirlby, “The Subjective Theory of Value and Accounting ‘Cost’”, *Economica*, New Series, Vol. XIII, No. 49, February, 1946。.

2 我想，每一个已婚人士应该都能回想起这样的情形，假如配偶告诉他（或她）一些她（或他）应该告诉他（或她）的事，他（或她）实际做的却不一样。我怀疑威克斯蒂德是否充分分析了人类事务的这一方面。

是，由于某种原因，销售量可能会低于委员会预期的水平。

可能因为疏忽或其他原因，销售部门在销量实际下跌之前仍没有意识到这即将会发生。或者该部门可能在某种程度上意识到了这种可能情况，但是这种意识并不是协调一致的。或者销售人员可能知道这种情况，但没有报告。或者他们可能报告了，但他们的报告没人理会。或者有人读到了报告，但信息没有传达给销售部门的负责人。为简洁起见，假设知识为销售部门负责人所掌握，但由于某种原因没有传达到委员会；让我们抽离掉这样一种可能性：作为制定常规指令的管理判断的有意行为，委员会已决定在销售实际下降前不去考虑销售市场的变化。这样，原材料的采购和生产继续在现有的常规指令下进行，而制造出来的产品则将无法以计划价格出售。

松散的协调使生产计划不能反映即将发生的市场变化

我所选取的例子反映了这样一种情况，即没能传递关于市场条件即将会发生变化的知识以致此类知识没能体现在生产计划中。在为“市场”而生产的情况下，生产在任何情况下都必须先于销售：在生产和销售之间的过渡阶段，市场条件发生意外变化的风险总是存在的。可以说，“有效的管理”意味着获取和运用了有关即将发生的变化的知识，也就是说，它在运营计划中体现了销售时将会发生的变化。最好的管理机构并不是全知全能的：市场状况有可能发生不同于最新预期的变化。但是，可以认为一个组织在修改其预期和确保反映其生产安排的变化方面或多或少是松懈或不足的，尽管我们可能无法设计出一种衡量其松懈或不足程度的方法。[1]在这里，对效率的检验可能包括对事后的运营情况和事前的运营计划进行比较。在我所举的例证中，该管理机构的不足将以实际收入低于预期收入的方式表现出来——除非在计划中预留了足够的安全空间，如果不足是安全空间所允许的，那么这种可能性可能会掩盖不足。

规则能控制这种不足吗?

我们很难清楚地了解，在这一方面，仅仅运用规则如何能加强管理部门的能力或作为检验其不足的准则。尽管管理部门在当时和之后都没有在运营计划中考虑到市场条件的变化，规则的条件也可在事先的计算中得到满足。也就是说，管理部门可能已经做好计划并开始生产似乎遵守核准的成本/收入关系的产出，但未能在受到影响之前针对市场变化进行调整。协调的不足是不容易衡量的，尽管它会影响企业自立的能力，且就它未在预期结果的安全空间考虑到而言，对最终结果偏离最初预测的程度也会产生

1 难以相信，在预测和适当应对公路汽车竞争的影响方面，铁路在管理上再有效不过了。

影响。在这里，顺便说一句，如果已实现的收入必须与预期收入相等，那么，在我看来，这一规则就将扩展到跟对“账目应与预算相一致”这一假设的检验相吻合了。

正是因为意识到获取关于即将发生的变化的知识的重要性，以及意识到重新计划以确保生产经营中反映预期变化的重要性，我才强调松散的协调是产生“无效率”的可能因素；同样，基于这两个重要性的考虑，我指出，根据变化的预期进行的重新计划涉及到对成本的重新计算，在这个重新计划阶段，使用既得资产的成本实际上取决于企业的管理部门对所预测的替代性市场的判断。

重新计划：重新计算成本

取决于管理部门看法的成本

如果已经发生或者预计要发生现行常规指令未能预料到的市场变化，无论这种预料过晚或没有预料到是否归因于松散的管理安排，也无论规则是否得到应用，在这种情形下，显然需要进行重新计划：必须重新计算成本。在企业发现自己积累的存货无法按计划价格出售的情况下，在目标市场上迅速清理存货的成本，取决于管理部门所预测的当下在不同市场或稍后在同一（或不同）市场上快速处理这批存货的机会。同样的道理也适用于生产中使用的设备。很明显，成本是多少将是一个企业管理部门的看法问题，这种看法取决于他们对市场机会的预测。

结构组合的问题再次出现

在这个重新计划的阶段，管理部门面临的选择类似于它在最初计划阶段所面临的在要素的替代组合（或空间分布）之间的选择。例如，管理部门面临的可能是这样一种选择：是使用同样的设备以较低的产量继续生产，还是（如果该设备有足够重要的竞争性用途）转而使用其他设备。显然，成本和收入的计算可能再一次与管理部门关于适当结构组合的意见相互关联。该规则与计划阶段相关而不是与成本相关。为了厘清在常规指令下持续生产的成本，有必要追溯到计划阶段。这样，就应该重新考虑“可变成本”和“固定成本”这两个术语。如果那些主张执行该规则的人辩称，他们不关心计划阶段，而只关心计划阶段之间的过渡期，那么，这意味着他们对于成本是不予关心的。成本仅在作出决策时即仅在计划阶段发生。在过渡期间，资源（包括资金）在常规指令下流动，但资源流动的相关成本是由处理这些常规指令的决定引起的。马克卢普（Machlup）将人们熟悉的说法“从长期来看所有成本都是可变的”扩展为“从长期来看，也就是在计划阶段，所有成本都是可变的”。[1]我的观点则更进一步：成本只发生在计

1 Fritz Machlup, “Competition, Pliopoly and Profit”, Part II, *Economica*, Vol. IX (New Series), No. 34, May, 1942.

划阶段。要了解在两个计划阶段之间发生的生产流的成本是什么（更不用说，其边际内或边际外的单位成本是什么），[1]就必须追溯并调查启动或改变该生产流的决策——即追溯到计划阶段以及管理者的想法，甚至有必要追溯到好几个计划阶段。在这样做的过程中，我们应该发现，如果“固定”成本和“可变”成本之间的区分是计划阶段发生的成本和没有计划发生的过渡期间发生的成本之间的区分，那么这种区分就是错误的。

例　证

假定1月份已经作出决定：在整个年度使用某个工厂来生产某种特定商品，而不进一步考虑使用该工厂的成本，也不考虑当年的产出是否发生变化；到了3月份，产出（以及应用于工厂的材料数量等）因一项新的决定而发生变化，该决定如1月份的决定那样，没有重新考虑是否将该工厂转为其他用途。对4月份资源流的检查显示，工厂正在使用一定数量的要素，且为这些要素的使用——甚至包括工厂的使用——支付了一些资金。但是，这些只是客观的资源流（顺便说一下，不存在可加以区分的边际单位产品）。它们应该与1月份所作且经3月份修订的预算中所包含的预期的客观资源流相一致；但是，要了解资源流所涉及的成本（以

1　详情请参见附录I。（该文附录省略。——译者）

及生产边际单位产品所涉及的成本)[1]，就必须进行往前追溯并完成两个任务:(1)为了解该工厂使用的材料等资源的替代性机会和(或)为此支付的货币，审查3月份狭义预算的编制程序和决策，该决策确定了4月份工厂的生产规模;(2)为了解全年使用工厂的替代性机会(或租用工厂需使用的货币)，审查1月份广义预算的编制程序和决策，该决策确定了4月份工厂的使用和3月份之前的生产规模。在完成第二个任务时，我们需要找到所谓的“固定成本”，它被假定为“长期可变的”，[2]“长期”即(如马克卢普所说)“在计划阶段”；在完成第一个任务时，我们需要找到所谓的“可变成本”。但为了找到它们，也必须回到一个“计划阶段”：三月份就是一个计划阶段。

“固定”设备的使用:“逝去之物”、资本的使用成本和更新

资本使用成本计算者的资质条件

前文我提到了回避与计划制定中管理选择行为有关的问

1 详情请参见附录I。

2 所谓“长期”，就是指比短期更长的时间段。

题的倾向。如果假定工厂已经建成因而成本已成“逝去之物”（bygone）[1]，问题就被回避掉了。这里需要说明的是“逝去之物”的性质。

确如我所指出的，企业的管理部门可能通过更早的决策（这种决策的实施已成为企业常规指令的一部分）将使用“固定”设备的成本排除在后续计划阶段的考虑之外。但是，如果将固定设备的使用成本纳入考虑，或者将对此成本排除在考虑之外的期限（这里不是指设备本身的“寿命”）已届满而将要对设备使用作出新的决策，那么，对固定设备的（预期）使用通常或时常[2]会有相应的成本，而这一成本需要在作出决定之前的审议中加以考虑：该成本取决于管理部门对同期或跨期使用设备的替代性机会的考虑。用鲍尔先生从凯恩斯那里借用的另一个术语来说：“短期内单位产出的资本使用成本，指的是通过将一项设备用于生产该单位产出而不是闲置而减少的预期未来准租的贴现值”。[3]

同样的说法不仅适用于“固定”设备，也适用于各类原材料、

---

1 威尔逊先生质疑这种做法。在提到这样一种倾向即考虑“收入递增产业的运行……从存在一定数量的固定设备的短期角度看……”时，他说，“在讨论这种情况时，经济学家能够充分利用他们有趣的发现，即‘逝去之物已是逝去之物’……”（前引，第三段。）

2 对于不存在这种成本的情形，可参见Hayek, *The Pure Theory of Capital* (Macmillan, 1941)，以及G. F. Thirlby, “Permanent Resources”, *Economica*, New Series, Vol. X, No. 39, August, 1943。

3 P. T. Bauer, “Notes on Cost”, *Economica*, New Series, Vol. XII, No. 46, May, 1945, p. 96. 在任一计划阶段加以考量的所有用途，包括用于正在考虑的产出的用途，都或多或少必定是未来的用途，其中一些用于替代性目的的用途可能与正考虑的产出的用途是同时发生的，当然有些稍后的用途也可能是用于替代性目的。有了这些补充说明，我所引用的表述似乎是合适的。

未到期的劳动合同、以及计划阶段为企业所有的其他要素和资金。因此，我们没有理由假定，使用“固定”设备和其他自有资源的成本已经成为不必在计划中加以考虑的“逝去之物”。变成无关紧要的“逝去之物”的，是为了换取那些东西而已经放弃（或约定放弃）的东西——通常是资金——的损失。

从前面所述可以看出，在“长期”结束时，“固定”设备成本会再次出现，而这所谓的“长期”并不一定会持续到设备更新的时刻。[1]我们不能假定，对设备成本的考虑，只限于决定要安装设备的情形，即使包括那些考虑了更新或扩建的情形：在其他时间也要对使用设备的成本加以考虑。确定成本的过程是一个管理判断的问题，所判断的问题包括：应该将该设备用于生产这种还是那种产品，是马上使用该设备还是保留到将来使用。显然，这是关于销售市场上将要发生的事情的判断，而且可能是由在市场运营方面富有经验的人做出的判断。它也是对人们（消费大众）愿意用他们未来的收入购买什么产品做出的判断。在学术讨论中，似乎没有充分考虑到这一事实，即必须要做这类事情[2]——没有充分考虑到这一事实，即产品的销售价格和可售数量并非已知的，

1 关于这一问题，在这里有必要说清楚，因为威尔逊先生（前引）没有讲清楚，他将“长期”与“短期”计算区分开，并且或多或少地承认，在短期计算中，“固定”设备是一个无关紧要的“逝去之物”，他认为，长期计算，即“固定”的设备成本出现时的计算，发生于作出安装设备的决策之时。

2 即作出相关的判断。——译者

而是必须在作出生产决定的较早时间点加以判断的，[1]而且，如果要在随后对生产进行适当的重新预算和重新调整，[2]那么这种判断需要持续进行，或至少需要经常进行。

成本/收入关系产生的背景：成本/收入关系的不确定性和易错性

称职的管理部门比规则更重要？

成本/收入关系在一段时间内将随着管理部门的行动而变化。它的不确定性和易错性取决于管理部门对未来的市场条件及其重要性的看法，也取决于管理协调的松散性所允许的程度。若在一

1 许多商人事实上确实认为他们明天的情况将与今天一样，但是，这一点与当前问题完全无关。相关的问题是，我们必须假定有人要对预测或懒得预测负起责任。

2 威尔逊先生下述观点中隐含地承认了这一事实："[关于是否应该大幅"扩大"资本结构的问题]可能获得任何近似答案的唯一方法是考虑在垄断经营的情况下是否有可能弥补企业的总成本"（出处同前，第458页）。他随后关于"按照规则来经营企业"的"社会主义管理者"在宣布"消费者愿意为产品付出什么"和决定投资政策方面相对无能的评论，其说服力实际上取决于这样一个事实：不同于"社会主义管理者"，他所讨论的垄断者是一个在市场上经营的人，对于他所经营领域的消费大众行为有着不断发展和修正的理解。（我不希望这一评论传递了这样的一个印象：我认为"社会主义管理者"不可能是那种类型的人——更不用说我会认为运用这方面的能力不是他们的职能。商业管理的不可缺少，当然不取决于产业组织是"社会主义的"还是"资本主义的"。从文献中可以明显看出，1917年革命后很快就在俄罗斯发现了这一真理［如哈伯德（Hubbard)的《苏维埃的劳动与工业》（*Soviet Labour and Industry*）］。

项管理行动发生的时点来观察，这一点就更为明显：决定企业整体投入和产出以及附带的边际产出的具体行为，[1]是一个取决于诸多同时发生的从属管理行为（决策）的协调性决策，从作为对未来状况的想法这一意义上来说，这些从属的管理行为也一样是不明确和易错的。正如我在其他地方使用的抽象模型一样，[2]具体任务中的从属性决策，以及事前与特定协调决策相关的决策，会像豪猪身上的尖刺一样在许多不同的地方出现。每一个从属性决策本身以及它的易错性，都会对总产出产生影响，也会对由事前的最终协调性决策决定的该产出的总成本及边际成本产生影响。这种高度主观和不断变化的情境下的结果，是否可以通过实施规则来从外部进行控制，这一点仍然是需要加以严肃讨论的；而且，从获得适合于市场环境的产出的角度看，确保将称职的管理者安排在管理岗位上，要比通过发布一项以达到某种效果为目的的规则来矫正成本/收入关系更为重要。

可以想象，试图应用这一规则可能会导致将裁定者转变为管理者。正因如此，我们就有必要强调裁定者变为管理者意味着什么。

---

1 请参见附录I。

2 “主观价值理论和会计‘成本’”（同前引）。如果人们不喜欢这一事实，即这种模型与一个商业企业而不是工业企业有关，则可以将“买方”这一术语更改为“产品线主管”，而将“销售经理”一词更改为“车间主任”。两种情形下的管理结构是相似的，但在工业企业的情形下，很难心安理得地抽离掉对工厂使用处置的讨论——例如，车间主任在两个产品线主管之间处置普通铸造车间的使用问题。

裁定者转变成管理者

我在前面提及过，主张执行规则的人可能会否认他们关注计划阶段。相反，他们可能会说，裁定者不仅在实施计划的每一个时点而且在实施计划的每一个管理环节都对所有的计划负责。这可能意味着下列两种情形之一种：一种情形是，它可能意味着裁定者将接管所有的下属工作，以及所有的协调、计划或预算（成本、收入和产出）计算，不给企业中的其他人留下任何管理责任，其他人在执行计划时都将成为执行者或操作者，他们根据裁定者（唯一的管理者）制定的常规指令（计划）来运作。在这种情况下，即便可以始终依靠裁定者将规则运用于其下属和协调计算，但是为了避免企业变得头重脚轻，仍然需要对特定裁定者的活动范围（“企业的规模”）加以相当的限制。在这种情况下，所有个人的（管理的）判断都将集中于裁定者身上，但是那种个人的判断，连同它的所有局限和不足，仍然无法避免。

另一种情形是，对所有计划负责可能意味着承担协调的责任，以及对其他下属的行为的全面责任——就像商业组织的抽象模型中所表明的那样。[1]“在这里，他的直接下属管理者（下一级裁定者）会告诉裁定者他们预想会取得什么结果，但裁定者将主要依靠对这些下属的判断来识别下属成功的可能性。（在商业组织中，最高层的管理者可能会主要通过根据结果而变化的佣金激励的承诺来

1 同前。

提高效率。)

在考虑规则的运用时，我希望说清楚为什么试图运用规则可能会导致裁定者转变为管理者。

要求总成本和总收入相等的规则之运用

成本/收入关系的性质

为了清晰起见，从现在起，我将区分不同的规则，而为了简洁起见，我将讨论限定在其中一种规则，即要求总成本和总收入相等的规则。[1]

作为裁定者审查的对象，成本/收入关系有着什么样的性质？这一表述，是否指的就是下述三种情形中的一种？

（I）到目前为止本文讨论的那种意义上的成本和收入，[2]或者

（II）预算中的预期客观结果，或者“估算利润”，后者不可避免地取决于导致（I）的种种考量，因而它会因管理者的不同而不

1 在附录I中，有一些关于边际成本与边际收入的讨论。

2 也许，我应该在这里说说在本文前面部分中只是隐含的内容，即：如果要仔细考察的成本/收入关系是经济学（或者我应该说主观价值理论？）意义上的成本/收入关系，那么就必须对事前的考量进行探究，因为只有通过这些事前考量，我们才能对被取代的机会、来自拟议中运营水平的边际变化的影响（见附录I）和安全空间（为不确定性留有余地）加以说明，而如果我们要理解决策，就必须理解这些因素。

同，或者

（III）账目中已实现的客观结果，除某些例外情况外，该结果应与（修订的）预算相一致。

（I）当成本/收入关系是到目前为止所讨论的那种意义上的成本和收入时，规则的应用

在这个意义上，收入必定是管理者所预期的以特定方式将一定资源进行慎重投资可以获得的收入（例如将易变现资源和管理者自己的服务投资于铁路项目）；而成本必定是指将同样的资源以其他方式（以他认为最好的替代方式——如投资于连锁酒吧）进行投资时预期会产生的收入[1]。我即刻想表达的是，在我看来，如果要求这两个数字相等，那就需要管理者能够同时发现两条投资途径，而他只能在其中选其一。这里还有另一个困难，即成本的数值永远都不可能是客观的，也就是说，我们永远无法检验对替代性收入的预测是否正确，因为替代性项目永远不会存在进而产生实际的替代性收入。这两个困难，不仅会发生在最高层面的考量中——即将拟进行项目的总收入与拟放弃的潜在项目的总收入进行比较，而且还会出现在必须作出选择的所有其他层次的考量中，例如对两个替代性（资源运用）结构组合进行比较。我暂且

1　严格来说，是收入的重要性（significance）。来自连锁酒吧的收入可能不如来自铁路的同等收入重要。

忽略这两个困难，但进一步提出问题，裁定者是否会仅满足于与最高层次考量有关的两个空洞的收入数字，或者，是否应该要求他深入研究产生这两个数字的特定情境。再极端一点，我们假设，管理者想要对所有替代性产出（以及它们随时间变化发生的波动）和他认为适于满足市场需求状况的技术结构做出详尽说明，在他看来，这一需求状况在所讨论的企业的具体情形下是成熟的；管理者还想对被当前这个投资机会所取代的其他替代性投资机会做出完整说明（为确定拟开展活动的成本所需）；他还想要对有关自己判断之准确性和犹疑不定的决策之适当性的怀疑和恐惧加以详细剖析。[1]我们进一步假设，管理者和裁定者都认为，所能获取的相关事实数据（例如通过市场调查）都已获取，且双方均可获得并同样考虑了这些数据，但是，在一些此类数据不能完全回答的重要问题上，以及哪些是需要管理判断和决策加以回答的问题方面（例如，有关未来需求的强度和持续性的问题），管理者和裁定者则存在着分歧。例如，假设情况与我之前引用的铁路案例类似，鉴于对服务需求的强度和持续性的估计不足以及对此存有顾虑，管理者认为从主干线上修建一条有轨电车是为斯泰伦博斯提供交通服务的最合适方式，而裁定者则对服务需求更为乐观，认为修

---

1 也许因为谈及的是“管理者”而不是对造成这一状况的诸多人员，特别地，谈及的是第一个预算编制过程和决策，而不是随着预期变化和重新预算而发生的事态的改变，提取这种证据的难度或不可能性被低估了。完整的考察，需要不断记录每一个在项目中负有自由裁量责任的人的预算想法，以及裁定者比管理者能更正确处理这些问题的能力。但是，管理者的想法会在多大程度上被审核以及多久被审核一次，这要由规则的倡导者而不是由我说了算。

建一条有重型工程和机车的铁路线是合理的。在这种情况下，谁的观点会占上风？在这里，我想说明的是，如果裁定者在这些问题上推翻了管理者的意见并擅自作出决定，那么，管理者就不再是管理者了，他也不再需要对弥补成本[1]负责任了。裁定者本人成为了责任人，其他人在这一范围内——如果他被告知按照裁定者的决定来实施并这样做——则成为根据常规指令来进行运作的执行者。

这并不是说，只能有一个管理者对事前的协调性决策出力。例如，裁定者或其他人可以作为媒介，来对一个管理者对投资某个项目（如铁路项目）的预期结果与另一个管理者将相同资源用于其他投资项目（如连锁酒吧）的预期结果（即严格意义上的成本）加以协调。但是，这只是想表明，运用规则的条件和方法需要加以明确界定，以避免在对其结果不承担责任[2]——即对所犯错误没有任何惩罚——的情况下僭越管理权力。[3]我要补充一点，为什么仅仅因为管理者认为投资于某个项目的收入与相同资源用于其他投资的收入相等，裁定者就要在其提议上盖章，这是极难理解的。更容易理解的是，裁定者应该在两个预期收入率不同的备

1 或用另一种形式来表达，实现额外收入（等于通过将额外资源——使工程变得“更重”所需的资源——投资在铁路工程内外的其他地方而可能获得的替代性收入）。

2 说由“国家”来负责实际上是在回避这整个问题：必须通过对将行政责任下放给个人加以解释，国家才有具体的内容。

3 在收入《现代商务问题》（普兰特（Plant）编辑；London, 1937; Longmans）一书的“管理图表”一文中，保罗·威尔逊先生建议管理员应该服从高级管理员，高级管理员会因可能的错误而遭受最大损失。在讨论裁定者与管理者之间的关系以及因犯错而受惩罚的发生率时，的确应该考虑这一观点。

选方案中作出选择或对选择加以确认，并为此承担责任。

可以想象，规则的倡导者会希望裁定者关注实际选择的和替代机会的收入和成本；但是，我怀疑他们并没有从这一角度进行深入的思考，而是把收入和成本当作预算或“估算利润”的两面。

(II)成本/收入关系指代“估算利润”时规则的运用

我们现在关注的，不是同样的资源投资所能实现的两种替代性收入，而主要是要素资金支出（作为成本）和在一种替代性投资中预期实现的收入（作为收入）。预期要投入项目的要素资金支出和预期可实现的收入，是预算中预期的客观结果或与拟议中项目相关的“估算利润”，这两者将是需要审查的对象，它们——需要根据“期初库存”和“期末库存”或“剩余资产”来进行调整——也必须相等。让裁定者感兴趣的“成本”主要是预期的客观资金支出。[1]也就是说，管理者之所以成为管理者，是因为在任一层次的考量中他对替代性机会的取舍都不会被质疑。管理者需要表明的是，他的预期客观支出——需要进行同样的调整——与他的预期客观收入相等，而他会在提交给裁定者的预算中表明这一点。

我不打算讨论这样的问题，即采用这种根据预期客观结果

1　应该明确的是，这个预算不包括当然会衡量资源在最佳替代用途方面的价值的任何支出。它可能包括为铁路项目所借资金的预期客观“利息”支出，但我们不能假定这些“利息”支出可以衡量借入同样的资金并将其投资于连锁酒吧的预期收入。

（而不是实际选择和替代的机会）开展工作的程序，是否就意味着该规则与确保将资源用于最佳社会用途的目的不再相关。除了这个问题之外，该程序最重要的方面是裁定者依赖于管理者对客观结果预测的准确性。如果预算期限与铁路企业中存续最久的实物折旧资产的实际寿命一样，那么较远年份的数据将是非常不确定的；即使拥有这种资产的企业的预算期限缩短了，这种不确定性也只会转移到管理者对剩余资产货币价值的计算上；但此时如果要在预算中（装作）体现出期末的支出和收入相等，那么就必须提供这些数据。

在我的设想中，提交的预算表现为马克卢普在他的文章中提及的“估算利润”那种形式。[1]然而，如果预算必须体现预算期间支出和收入的预期时间分布，那么，收入和支出则不会——或不应该——精简为“年度”数据。预算报表将分别显示预期支出和预期收入，而一项具体的支出（例如用于一套新机车的支出）则（完整地）出现于预期发生的日期。如果预计企业在预算期结束时有剩余资产，预算报表会以剩余资产的预期货币价值作为结束，以体现收支最终达到平衡。剩余资产的货币价值，体现了管理者所预想的预算期结束时资产的售价，或者（不是严格意义上的预期客观收入）体现了随后的预算期中以净收入来度量的资产预期价值，至于体现的是哪一类价值，取决于企业将在预算期结束时是选择停业还是选择继续经营。如果在第一个预算期开始时有非

1 同前，第II部分。

货币性资产——至少有管理者自己的服务——就必须对这一“期初存量”进行类似的计算，否则裁定者就不能以货币形式实现平衡（应该为零）。这些计算将由管理者来进行。

如果有必要把预算期细分为“年度”，每一年的数据旨在反映该“年度”[1]是否存在预期利润，那么恰当的程序会是怎样的？显然，将一笔完整支出分别计在发生当日的做法本身，会影响到任一“年度”预计支出和收入之间差异的“波动”，支出较大的“年份”也许会产生明显的“赤字”，而在其他年份产生明显的“利润”：支出可能是用于今后若干“年度”中使用的要素（例如一套新的机车）。这个问题该如何处理？答案是，有必要加入管理者对每个“年度”末剩余资产的货币价值的计算，[2]而不仅仅是在预算期结束时进行计算。

很明显，将运用规则的焦点转移到“预估利润”的数值上，无法消除裁定者对管理者关于未来会发生什么的判断的依赖——除非裁定者代行了管理者的职责。但是，这里还有一个问题，如果裁定者将其审查对象仅限于预算，就无法核实管理者在实现他宣称的预期结果方面的诚信和能力。关于这个问题，我将在考虑

---

1 参见威尔逊先生的建议（前引），他认为弥补总成本的原则不能每年都执行，这似乎意味着其他一些人认为可以执行。（此建议在附录II中会进行特别分析。）

2 剩余资产货币价值的计算问题，与企业估值的计算方法大同小异，这一点受到伯恩布莱特（Bonbright）等人的高度关注。我认为，一个主观主义者，明确了要计算企业价值就必须确定预期未来收入（较少支出）之后，必然得出以下结论：（a）为了计算企业价值，有必要询问企业的具体管理者，他认为预期未来收入会是多少；（b）它们可能是多少，可能在很大程度上取决于具体的管理者所经营的企业；（c）未来的数字的恰当贴现“比率”也会取决于他的观点。

成本/收入关系指代账目时规则的运用之后再来讨论。

(III)成本/收入关系指代账目时规则的运用

现在，我改变一下假设。假设裁定者要审查的不是预算而是账目。除了在事前激起惧怕以及在事后实施惩罚之外，裁定者显然没有任何职能，只能在实现的货币支出和收入——这种实现的货币支出和收入须根据“期初库存”和“期末库存”或“剩余资产”来进行调整——意义上对成本和收入是否相等加以检查。在这个案例中，有哪些值得关注的重要问题？其中一个是问题是处理期初和剩余资产时所遇到的与预算案例中遇到的相同的困难。提交的有期初资产或仍有重要剩余资产的账目，必须要加上管理者对期初或剩余资产的估算。有人可能会问，这一要求是否可以通过雇用专业的会计师来排除。的确，可以也可能雇佣专业会计师——如果裁定者本身没有这样的技能——来判别客观结果是否符合管理者向裁定者提交的账目所报告的内容，而这正是会计师的职能，但是他所能做的也仅此而已。除非专业会计师代行管理者的职能，否则他就不能评估剩余资产的使用仍可获得多少（净）收入。[1]

因此，就期中账目而言，规则运用的这种新变化（即运用于账目）仍然没有消除裁定者对管理者关于未来的判断的依赖。此

1 关于“计提折旧”，见附录III。

外，这里也还存在一个问题。因为知道实现的“成本”和收入必须相等，且完全实现最初预计的目标是不可能的，也因为消除新出现的盈余比消除新出现的赤字更为容易，为着在任一时期都能体现“成本”和收入相等，管理者可能会倾向于只从事他觉得有相当的把握能够获得盈余或“利润”。也就是说，除非在每一个时期他都可以在预算中为盈余留有余地，且在后来发现有实现盈余的可能时可以以某种方式避免实现盈余，否则他就会倾向于从事这样的项目——例如在未公开的预算规定范围内他对需求的上升不作出反应。

对该规则的可能补充：规定账目应与“预估利润”一致

当规则的运用转移到“预估利润”时，规则将因为没有账目资料而失去效力；那么，是否可以通过要求账目与预算相一致并由裁定者对两者加以审查来恢复规则的效力呢？[1]这一新的要求——预算和最终的账目都应上交——至少可以反映出预测的准确性（在这个意义上对效率进行检查或报告）。但是，我们不能停留在这一点上。值得指出的一点是，我们不能指望事无巨细的第一份预算会得到完全实现。我已经指出，与更远的将来有关的数字会是极不确定的。在预算期间，随着管理者启动并继续他的

1 我不知道这个规则的补充是否隐含在这样的观点中，即如果“经理”不服从遵守规则的指令，他就应该被“开除”。但它肯定不是隐含在“成本和收入应该相等”这样简单的指令中。

“未知之旅”[1]，他将不断修正他的估计值，并通过对情况更全面的了解来矫正先前的判断，[2]而在第一次编制预算时，这些是相对遥远的未来的情况，因而第一次估计可能是不正确的。如果他必须用自己的资源来开展经营，他就可能根本不会去从事这一活动，除非他认为，无论他的估计错得有多离谱，他都可以获取收入——或者，除开他自己资源的收入，至少可以获得与从事其他活动一样多的收入。因此，我们有理由认为，在这种要求同时提交预算和账目的新安排下，一开始就必须明白，要允许管理者在随后有调整其原始数字的足够空间，并不断向裁定者提交经过修订的预算。[3]如果不允许管理者有这样的空间，他就有可能在他的估计中引入未公开的安全空间，[4]这实际上与编制盈余预算是一样的，我认为，这与财政部长的做法是一样的，只是在我们的情况下，管理者将注意避免出现盈余。换句话说，管理者可能非常不愿意启动某一个项目，除非在公开的无利润的预算后面，他自己还有一个存在利润的秘密预算，如果他的预测被证明是正确的，他预计会失去这笔利润。我想，“剩余资产的货币价值”这一科目，是引入安全

1　我想我应该为这一表述对沙克尔先生表示感谢。

2　这是由于他给自己施加的限制（例如获得专用性）。他后来获得的知识可能表明他应该采用不同的技术结构（例如不同铁路路线），但这并不意味着他当时应该改变它。

3　我认为，如果可以反复提交，因而计划的所有变更在执行之前能获得批准，那么最终的账目必定与经过批准的修订后预算相同——如果我们抽离掉“不可抗力”的结果、对常规指令的违反，以及常规指令下允许下级管理者、执行者和操作者的任何变更（例如，只要价格未超出一定限制，每单位时间内以特定价格购买材料的常规指令）。请参见G. F. Thirlby, “ The Subjective Theory of Value end Accounting ‘Cost’”。

4　关于在利润估算中引入安全空间的问题，请参见Machlup, op. cit., Part II。

空间的有效媒介。这一安全空间可能被用来暂时掩盖将要出现的赤字。